新时代教育高质量发展书系
XINSHIDAIJIAOYUGAOZHILIANGFAZHANSHUXI

初为人师

如何做一名优秀的教师

郭梦菲◎著

中国大百科全书出版社 知识出版社

图书在版编目（CIP）数据

初为人师 : 如何做一名优秀的教师 / 郭梦菲著. -- 北京 : 知识出版社，2021.2
（新时代教育高质量发展书系）
ISBN 978-7-5215-0306-7

Ⅰ. ①初… Ⅱ. ①郭… Ⅲ. ①优秀教师—师资培养—研究 Ⅳ. ①G451.2

中国版本图书馆CIP数据核字(2021)第018705号

初为人师：如何做一名优秀的教师 郭梦菲 著

出 版 人 姜钦云
出版统筹 张京涛
产品经理 王云霞
责任编辑 姚常龄
特约编辑 田荣尚
装帧设计 吴 丹
出版发行 知识出版社
地　　址 北京市西城区阜成门北大街 17 号
邮　　编 100037
电　　话 010-88390659
印　　刷 阳信县卓越盛达印务有限公司
开　　本 710mm×1000mm 1/16
印　　张 14.5
字　　数 169 千字
版　　次 2021 年 2 月第 1 版
印　　次 2021 年 2 月第 1 次印刷
书　　号 ISBN 978-7-5215-0306-7

定　　价 40.00 元

序

教育是关乎千家万户的事业，任何一个社会，都需要教育思想的引领。时代在变，教育也在变。然而，变中也有“不变”，所以，我们要对教育进行哲学的思考，只有搞清楚了哪些需要变，哪些不能变，才能真正做好教育。而教育的本质是什么，什么是好的教育，理想的教育是什么样的，这些最基本的教育问题应是教育哲学思考的源头。只有弄清楚这些最基本的问题，我们才能找到正确的方向，办出有质量的教育。

教育是培养人的事业，是一个通过培养人让人类不断走向崇高、生活更加美好的事业。因此，教育最重要的任务是塑造美好的人性，培养美好的人格，使学生拥有美好的人生。如何达成这样的目标？那就需要一批有理想、有情怀、有追求、有实干精神的校长和教师，用自己的青春和智慧去践行。而在现实中，也确实有这样一群人，他们热爱教育事业，关爱每一个学生，一步一个脚印，用脚去丈量教育，用心去感受教育，用智慧去点亮教育。

如何将这样一群人聚在一起，用他们的智慧去影响更多的教师？

中国大百科全书出版社、知识出版社策划出版了“新时代教育高质量发展书系”，进行了可贵的探索。他们在全国范围内汇聚了60名优秀的教育工作者，这些教育工作者大多是扎根教育一线的优秀校长和教师。书中的经验、实践、体会和思想，既有教学的艺术，也有管理的智慧；既有育人的技巧，也有师德的弘扬；既有教师的发展思考，也有校长的成长感悟；既有师生关系的融通之术，也有家校关系的弥合之道。60本书，60个点，每一个点都是一门学问，一门艺术。

我今年给“新教育”的同人写过一封新年信，题目是“让教育沐浴人性的光辉”，从三个方面对教师的工作提出了建议。我也把这三条建议送给这套丛书的作者和读者朋友。

一是要善待我们自己。要珍惜时间，张弛有度，让人生丰盈；发现教师职业魅力，做一个善于享受教育生活的人；培养健康的爱好，做一个有生活情趣的人；与学生一起成长，做一个在教育过程中不断进取的人；不断挑战自我的最高峰，做一个创造自己生命传奇的人。

二是要善待学生。要把学生作为一个真正的人看待，让学生能够张扬自己的个性，发挥自己的潜能，成为更好的自己。在我们教室里的学生，首先是活生生的生命。我们应该从生命的角度考虑，首先是如何帮助他成为一个人，一个有理想、有激情、有智慧的人，一个能够适应社会并且受人欢迎的人，一个挖掘自身潜能、张扬不同个性的人。

三是要把教育的温暖传递给社会。许多问题，归根结底是教育的问题。尽管我们任何一个人，作为个体的力量都是有限的，但是，再渺小的个体，也能够温暖身边的人。所以，我们要让所有和我们相遇的人，都能够感受到我们的美好和温暖，这也是让人与人之间，让全社会变得更美好、更温暖的有效方式。

有人性的人是明亮的，有人性的教育是光明的。让教育沐浴人性的光辉，我们的今天将会更加幸福，我们的明天将会更加美好，我们的世界将会因此璀璨。

是以为序。

朱永新

2020年5月1日

目　录

第一章

充分的课前准备

第一节 明确教师角色的定位

教师，应该扮演学生成长的对话者、促进者和引导者的角色，在教习知识、培养人格等方面与成长中的青少年进行交流与对话，对其在学习、生活上进行指导与帮助。

陶行知先生说得好：“我们必须会变成小孩子，才配做小孩子的先生。”教师要尽量使自己具备学生的心灵，走进学生的情感世界，从学生的知识水平、思维角度、文化积累等方面体验和把握教学内容，选择教学方法，设计教学过程，与之一起交流，与之一起活动，与他们共建有利于个性发展的生动有趣的课堂氛围。教师在与学生平等的对话中，不仅能突显学生的主体地位，更能培育新型的师生关系。师生之间在传播知识信息的同时也在传播着情感，进行着心灵与心灵的沟通和交流、思想与思想的碰撞并产生共鸣。

一、教师是学生成长的促进者

学生的学习方式正由传统的接受式学习逐步向自主性、创造性学习转变，这就要求教师必须从传授知识的角色向教育促进者的角色转变。教师作为促进者，要帮助学生确定适当的学习目标，并给学生提供达到目标的最佳途径；指导学生形成良好的学习习惯，掌握学习策略和发展认知能力；创设丰富的教学情境，激发学生的学习兴趣，培养学生的学习能力，充分调动学生的学习积极性。所以，教师既要关注学生对知识的掌握和能力的提高，又要关注学生在学习过程与方法运用中的行为，关注学生在情感、态度、价值观等方面的积极表现。

二、教师是学生成长的引导者

教师要引导、激励学生思考，引导学生掌握正确的学习方式、方法，引导学生正确把握自己的人生。教师作为引导者，要全面接纳自己的学生，要牢记自己的职责是教育所有的学生，因而要坚信每个学生都有学习的潜力。在课堂教学中，要尽量地给每位学生同等的参与讨论的机会；要经常仔细地检查、反省自己是否在对待不同学生上有差别；要经常了解学生的想法，了解他们是否察觉到了教师在期望上的偏差，并随时审视与修正；要因势利导，多一点启发引导，多一点参与激励，多一点多元思维；要有法可导，遵循科学的方法，在适当的时间、适当的空间中引导。当然，“导”只是手段，实现学生全面发展才是目的。

【案例】

《0 的认识和有关 0 的加减法》两种教学设计

教学设计一

（1）复习“5”以内的加减法。

（2）出示挂图，由猴子吃桃引出“0”的认识，并让学生举例。

（3）学习 0–5 之间的数序。

（4）教学“0”的写法。

（5）教学有关“0”的加减法。

（6）练习。

教学设计二

（1）创设“送小动物回家”的情境，让学生直接把迷路的动物送到相应的家中，引出“0”的认识。

（2）学生举例并拿出课前收集的“生活中的 0”相互交流。

（3）学生自己用数学卡片摆一摆，说一说 0–5 之间的数序。

（4）教学“0”的写法。

（5）根据“送小动物回家”的过程，学生把算式写到卡片上，贴上黑板。

（6）学生感悟出“3 － 3 ＝ 0”“4 ＋ 0 ＝ 4”“5 － 0 ＝ 5”这些有关“0”的加减法算式的特点，并再举例说出几个这样的算式。

（7）学生在卡片上写出几个这节课所学的有关“0”的加减法的算式，并根据得数，送到小动物的信箱中。

（8）学生评价与交流。

从以上两个教学设计中，我们可以看出，同样的一节课，前者是教师牵着学生走，教师是教案的执行者，虽然很好地把握了课堂环节，但并没有提高学生的学习主动性。而后者是教师帮着学生走，以学定教，虽然课堂环节要难把握一些，但学生真正经历了学习的全过程，学得积极主动且有价值，也让课堂气氛更活跃。因此，在教学中，教师要明确自己的角色定位，不重传递而重发展，不重结果而重过程。也只有教师把学生的发展放在一个主体的位置，让学生真正成为课堂的主人，我们的课堂才会变得吸引学生，真正富有生命活力。

第二节 留下良好的第一印象

俗话说：一个好的开始是成功的一半。人的第一印象相当重要，它往往左右他人对某人的好恶。我们常听学生说：“这老师，从一见面我就不喜欢他，一上他的课就烦。”所以，这“一见面”就显得十分重要。一见面，学生喜欢你这个人，就喜欢你的课，就会乐意接受你传授的知识；也只有喜欢你，学生才会主动配合你，共同营造生动有趣的课堂氛围。

所以，作为教师，给学生留下良好的第一印象非常重要。其中，与学生的第一次见面，开第一次班会，上第一堂课，是最重要的三个第一印象。

一、初识学生需做哪些准备

【案例】

第一次以教师身份走进班集体，就像演员登上了正式演出的舞台，学生、家长的目光就如同镁光灯一般照射过来。我的教师生涯正是从这一天开始的——

学生报到的前一天，我来到教室，把桌椅排列得整整齐齐，把教室的门窗也擦得干干净净（我不愿看到我的学生穿着新衣服坐在灰蒙蒙的教室里），教室后的黑板上写着我精心准备的欢迎词，教室前的黑板上则写着班级座位表（让每个学生一进门就可以对号入座，学生的身高我是从学生资料上获得的）。学生们第一次进班是我的客人，我就是这个家庭的主人，我希望我的学生第一次踏进班级就能感受到新集体的温馨、洁净和有序，也希望今后的每一天，他们都能使班级保持这种整洁。至于每个人的模样和名字，早就印在我的脑海中了，我想他们一进门，我就能喊出他们的名字，对他们而言，那是怎样一种惊喜啊！

新生报到的当天，我有点激动，起得很早，把自己仔细打扮了一下。我最早来到班上，我要用微笑去迎接我的每一位学生的到来。“你好！你是某某同学吧！ 2 班欢迎你！”

这位教师的做法有许多可取之处。那么，作为一群孩子的新教师，尤其是新班主任，在第一次与学生见面时，应该注意些什么呢？

资料准备：

1．记住每个人的姓名和相貌，以便一见到人就能准确认出对方是谁。

2．了解每个人的学习成绩，对班级学生的大致状况做到心中有数。

3．了解每个人的特点，便于发现人才，组成临时班委会。

4．了解每个人的身高，提前安排好教室座位。

5．了解每个人的住址与父母单位。

环境准备：

1．把班级打扫干净，让学生一进门就对班级有个好印象。

2．写上新集体的欢迎词，营造温馨的班集体氛围。

3．把学生座位表提前写在黑板上，让学生一进教室便能找到自己的座位。

4．美化教室，展示个人的才华。

其他准备：

1．提前准备好第一次发言的提纲，主要表达对学生们寄予的期望。

2．提前到校，第一个到班，用微笑迎接每个新生的到来。

3．准备好相机把开学第一天记录下来，对学生和自己都是美好的回忆。

4．形象与服装装扮得体大方，不浓妆艳抹，不戴过多饰品。

5．带上备忘录，把重要的事情记录下来，以免忙中出错。

二、设计好第一次班会

如果你是一位新班主任，为尽快团结同学，增强班集体的凝聚力，增进学生之间的相互了解，调动学生的学习积极性，可以以“我想在这样的班集体中生活”为主题，设计一节主题班会。下面提供的就是这样一个“融入新集体”主题班会的活动方案，也许会对你有所启示。

【案例】

“融入新集体”主题班会

第一环节——登上青春舞台

（一）活动目的

增进学生之间的了解，增强新集体成员间的情感交流。

（二）活动设计

1. 猜猜他是谁

让全班学生各选一张自己童年、少年时期的照片，将这些照片打乱，在投影仪上展示或做成幻灯片，以抢答或小组竞答的方式请大家猜猜照片中的“他”或“她”是谁，以活跃班级气氛，消除大家紧张、陌生的感觉，拉近彼此之间的距离。（老师也可以把自己的照片放入其中）

2. 猜猜我是谁

让学生提前把自己的名字编成谜语，或把本人的主要特征写在卡片上，由主持人提问：猜猜我是谁？（比上一活动难度大，可以用选择题的方式，提供一些姓名，让学生自己判断选择）

第二环节——聆听成长心声

（一）活动目的

了解学生特点，发现学生特长，展示学生个性。

（二）活动设计

1. 让学生提前准备一份个人资料（一张精致的个人资料卡片）。

2. 分小组进行交流，每小组推荐一个代表到班级交流。

3. 会后将学生的卡片贴在墙报或板报上，便于学生相互交流，增进了解。

第三环节——奏响生命旋律

（一）活动目的

活跃班级气氛，让学生在音乐中憧憬新的集体生活。

（二）活动设计

1. 歌曲或表演

多媒体播放《童年》MV。

2. 回忆童年趣事

可以让学生说说童年印象最深或最有趣的事。

3. 畅想明天

学生在音乐中畅谈自己对新集体的美好憧憬。

第四环节——荡起理想之舟

（一）活动目的

让学生将自己的理想融入集体学习与生活之中，脚踏实地地实现自己的理想。

（二）活动设计

让学生将自己对初中三年设定的目标与对班集体的祝愿写在彩色纸上，折成小船或千纸鹤，串起来挂在教室中，同时也点缀今后初中三年生活中的每一天。

第五环节——结束

多媒体播放《光阴的故事》。（引导学生珍惜生活中的每一天）

作为新班主任，把每周一次的班会抓好，对新班级建设的好处是不言而喻的。一般来说，班会前要考虑以下几个方面的问题：班会的主题是什么？学生需要了解哪方面的内容？需要设计哪些主要环节？需要运用怎样的表现方法？希望达到怎样的目的？如果抓住了这些要点，那么开好一次班会就不难了。

三、精心打造好第一堂课

著名教育家夸美纽斯在其名著《大教学论》中，生动地将学习比喻成吃饭，吃饭要有食欲才能吸收，学习要有兴趣才能接受。爱因斯坦也说过："兴趣是最好的老师。"所以，对教师来说，第一节课必须精心准备，要一炮打响，让学生从此"死心塌地"地爱上这一门学科，这便是教学成功的第一步。

【案例】

从一年级一直到六年级，不知道有多少位老师教过我，遗憾的是我对他们好像没有什么特别的感觉，可是没有想到初一新学期的第一节课还没有结束，我就遇到了这一辈子最不能忘怀的您——韩老师，我对您的感觉简直就是"一见钟情"。

策略之一：高度重视第一次上课

对于一个连续六年，不知听过多少节课的学生来说，最大的遗憾就是对所有教过他的老师"好像没有什么特别的感觉"，可突然有一天，这名学生对于仅仅上过一节课的老师却产生了"一见钟情""一辈子最不能忘怀"的感受。由此可见，第一堂课对于教师来说至关重要，它可以起到一种"先入为主、先声夺人"的特殊效果。首先，它可以尽快地建立学生对教师的信心；其次，可以增进师生的感情；第三，还可以使学生提高学习兴趣。因此，上第一堂课之前，教师要做好充分的准备，要有一个漂亮的亮相，要通过得体的穿戴、自如的谈吐、轻松的微笑、渊博的知识让学生感受到教师是一个自信乐观且充满智慧的人，从而从心里喜爱和敬佩教师。

【案例】

“丁零零——”

“同学们好！”伴随着问候，您走到了讲台前，“新学期的第一节数学课就要开始了。”

看来您就是我们的数学老师了，在我心怀失望胡思乱想之际，同学们齐刷刷地回道：“老师好！”没想到您却一本正经地说：“同学们错了。”就在大家不解之际，您推了推眼镜，笑眯眯地说：“我可是你们老师的老师，你们说说，该怎么问候呀？”大家立刻醒悟，齐声道：“师爷好！”“哈哈哈——”您笑了，我们也笑了。

策略之二：运用幽默的语言，设计精彩的开场白

教学幽默是指教师运用各种奇巧的，出人意料的语言、动作、表情、物件，唤起学生的学习动机，激发学生的学习兴趣，启迪学生的智慧，让学生在和谐愉悦的气氛中掌握知识经验。教育家斯维特洛夫指出：“教育家最主要的，也是第一位助手，那就是幽默。”风趣幽默的教学语言充满了魅力。学生在开怀大笑中接受的知识，往往能够铭记终生，永难忘怀。运用幽默的语言打造出别开生面、引人入胜的开场白往往会起到出奇制胜的效果。早已习惯回应“老师好”的学生们，万万没有想到第一次来上数学课的老师一本正经地说“同学们错了”，这时所有学生的好奇心一定被调动起来了。当老师笑眯眯地说“我可是你们老师的老师，你们说说，该怎么问候呀”的时候，充满浓郁师生情感的“师爷好”自然在师生共同的欢声笑语中流露出来。这段精彩的开场白缩短了师生的情感距离，创设出了积极、和谐、富于情趣的教学环境。

教师可以收集一些富有幽默感的格言、警句、妙语、风趣小故事、笑话，在设计精妙的开场白里使用。

【案例】

还没等我反应过来，您就开始了自我介绍，“鄙人姓韩名大伟，但不是韩伟大。”在同学们的笑声中您转身在黑板上奋笔疾书，眨眼间“韩大伟”三个龙飞凤舞的字出现在黑板上。“哇！太漂亮了，简直是帅呆了！”不知道是因为我孤陋寡闻还是因为您的粉笔字写得实在太棒，瞧，特别是大伟的“伟”字最后一竖如一把利剑从黑板的中间直直地垂了下来，我都不知道怎么形容了。听说您还是高级教师，有十几篇论文在全国发表过……正当我暗暗庆幸自己遇到了一位好老师的时候，您已经不动声色地拿起粉笔在黑板上“唰”地画出一个圆，然后写出课题“圆”。潇洒的书法、完美的圆形，包括我在内的所有学生不由自主地再次发出“哇”的惊叹。接着，您魔术般地用左手在黑板上“唰”地又画出一个圆，这两个圆就像用圆规画出来的，用尺一量，竟一样大小。同学们被您深厚的基本功折服，报以热烈的掌声，就连我这个一向被同学们称为“冷血动物”的人，此时此刻也已激动得热血沸腾！面对“韩大伟”三个字，我只觉得我们的师爷真的是太伟大了，不叫“韩伟大”实在是十分可惜啊！

策略之三：利用“首因效应”做好自我介绍

“首因效应”也叫“第一印象效应”，即初次见面时所形成的对一个人的印象会影响对这个人的判断。“第一印象”不一定真实，但在人际交往中作用重大。第一印象的好坏，直接影响到他人对这个人的信任、尊敬、崇拜的程度，继而关系到这个人能否顺利地开展工作。教师给学生的第一印象，对教师威信的形成有重大影响，所以，在工作中，教师必须给学生留下一个美好的第一印象，要努力上好第一节课，与学生见好第一面，认真批改好第一次作业，慎重妥善地处理好第一次意外事件，精心开好第一次班会，等等。

策略之四：利用精深的专业知识扩大“首因效应”

再美妙的自我介绍，如果没有教师精湛、渊博的专业知识做支撑，都是没有说服力的，也是不会持久的，因此，教师威信的真正形成，仅靠“第一印象”还不够。精深的专业知识和广博的相关学科知识，是支撑威信的重要条件。韩老师之所以让“我”和全体同学一次次发出“哇”的赞叹，其成功之处就在于其超高的专业水平使学生刚刚产生的“首因效应”进一步扩大。马卡连柯说过：“学生可以原谅教师的严厉、刻板甚至吹毛求疵，但不能原谅他的不学无术。”一个教师，要想顺利完成“传道、授业、解惑”的任务，必须有精深的专业知识，否则不仅不能完成教学任务，还会造成学生对教师的不信任，使教师的威信大大降低。所以，充分提高自己的专业水平是教师威信稳定持久的重要基础。

【案例】

“圆有多少条半径？”您开始提问了，同学们早已“小手如林”。

“帅帅，你来回答。”正当我和同学们惊异您是如何知道这个成绩最差的同学的名字时，帅帅支吾了半天回答“无数条”。“好嘛！帅帅，帅帅，真的是名副其实啊！不仅人长得帅，问题回答得也帅，希望新的学期你能够成为我们班级中成绩最帅的小帅哥。”师爷您的这几句话再次引来了全班同学善意的笑声，再看看帅帅平时一向“苦大仇深”的脸早就绽放成了一朵美丽的花。不用说，他对眼前的您也一定是“一见钟情”了吧！

策略之五：记住学生特别是后进生的名字

曾有一位心理学家说：“世界上最美妙的声音是听到自己的名字从别人的口中说出来的声音。”因为这样会使对方感到亲切、融洽。其实，教师威信的树立也可以通过“记住学生名字”的途径来培养。事实上，一些默默无闻的学生中（特别是后进生，帅帅就是这一类的代表），绝大多数都有很强的自尊心和进取心，他们也希望被别人重视，成为有尊严的人，他们渴望得到同学的尊重，更渴望得到教师的重视和信任。教师在课堂上出乎意料地叫出了他们的名字，能让他们产生极佳的心理效应，甚至改变他们今后的人生之路。因此，教师在接任新班级后，可先行阅读学生的基本资料，熟悉学生的姓名和基本情况。

策略之六：关注、赏识后进生

新学期伊始，每个学生都有一种积极向上的心态，特别是新到一个班的时候，学生看到换了教师也换了环境，不管这个学生原来成绩多么糟糕，思想多么落后，他都会萌发出一种“一切重新开始”的向上心理，都渴望在新的学期里，自己的行为表现能够引起教师的关注，都渴望得到教师的赏识。特别是后进生，由于以前获得教师赞赏的机会很少，或者除了受到斥责和处罚外根本就没有得到过赞赏，因而他们会时时告诫自己，不要重犯原来的错误，一定要好好学习，而在此时，教师的及时关注、帮助和赏识无疑就成了他们前进的动力、信心的增强剂。而韩老师对后进生帅帅的一番赞扬让“帅帅平时一向‘苦大仇深’的脸早就绽放成了一朵美丽的花”，学生对教师的由衷敬佩之情可能就在这表情的变化中开始萌生了。

第三节 发挥服饰的作用

教师如何着装，看似是个私人问题，实则不然。要想让课堂生动有趣，教师就必须注意自己的着装。因为，美的着装就是注意力的焦点。

教师往讲台前一站，立即有几十双眼睛注视着你。这些目光就像舞台上的聚光灯，教师走到哪儿，灯光便打到哪儿，学生的注意力便“定”在哪儿。

苏联著名教育学家加里宁曾说过：“教师仿佛每天都蹲在几百面镜子前面，因为课堂上有几百双精锐的、敏感的、善于窥视你优点和缺点的孩子的眼睛，在不断地盯视着你。”

是的，孩子是具有丰富精神世界的人。他们富于情感，热烈地追求着美，美的事物对他们始终具有强烈的吸引力和感染力。

一个从外表到内心都很美的教师，往往能在学生的心灵深处留下难以磨灭的印记，并为学生终身所效仿。即使是已经基本形成自己的审美观，并有着较强的判断是非能力的高年级学生，教师仪表的好坏仍然会使他们直接产生好感或厌恶情绪，从而影响教师的威信，乃至授课效果。

但是，教师到底该以什么样的形象出现在学生们的面前呢？尤其是对于刚刚踏上讲台的年轻教师来说，太过保守似乎脱离时代，太过时尚又有不够端庄之感。那么，教师到底该如何着装呢？

【案例】

孙老师是一位初登讲台的女教师，同其他许许多多的女性一样，对形象美、服饰美有着与生俱来的、执着的喜爱和追求。

孙老师上大学时，不舍得用父母的血汗钱来打扮自己，于是产生了强烈的学做衣服的念头。她买来中意的布料，先在纸上设计，然后在布上剪裁，最后一针一线缝起来。几经修改，裙子完成了。虽不比商店里的精致，倒也落落大方。穿上自己亲手设计制作的衣服，孙老师心里真是美极了。同伴们的赞美和夸奖也给孙老师增添了几分自信和自豪。从此以后，设计服装成了她的业余爱好，她对服饰也产生了自己的审美。工作以后，孙老师迫不及待地添置了必要的缝纫工具，手艺、服饰质量及审美趣味也随之提高了。

孙老师个子不高，文静大方，一头长发又黑又亮，很漂亮。她走路总爱昂着头，那泼墨如云的黑发软软下垂，随着她的脚步，极有节奏、极有情致地摇摆着，给人以高雅而优美的感受。

虽然孙老师长得不是很漂亮，但她的学生很喜欢她，私下里都说："我们数学老师在黑板上写字的姿势真酷，那微微颤动的长发像瀑布，仿佛知识是从这里流出来的，我们都特别喜欢上孙老师的课。"

看来，要想让课堂更加生动有趣，教师千万不能忽略着装和仪表。当然，这并不是说，每个教师都应像案例中的孙老师一样，要自己设计、裁剪衣服。这个故事说明了一个道理：当你站在学生面前，还没有讲话的时候，你的仪表已经在向学生说话了。仪表虽是一个人的外表，却并不是硬套在人身上的，而是个人内心世界的外在表现、精神气质的自然流露。顺应时代的潮流，教师们上课时打扮得得体大方，这样既让自己有好心情，也能让学生眼前一亮。

教育学的研究表明，教师的服饰陈旧，色彩单调，会对课堂气氛和学生情绪起到间接的消极影响。今天，时代在呼吁我们的教师，除了恪守职责外，还应有一种“职业美”及“现代美”的意识。所以，每一个优秀的教师都应注意自己的服饰美。

良好的着装，可以让教师在短短几秒钟内赢得学生的好感，树立自己的威信，这也是融洽师生关系、调节课堂气氛的重要手段之一。从另一方面来说，教师的服饰美也可以提高学生的审美趣味。如果学生一直在一种美的环境中接受陶冶，在美的气氛中成长，那么他对世界或人生往往也会有一种积极向上的看法，更乐意用美的眼光去看待身边的事，颂扬身边的人。而这种状态正是我们的教育所倡导的：教给学生如何去发现美。否则，我们的学生就会“缺少一双发现美的眼睛”。

当然，讲究服饰美并不是要教师处处赶“时髦”。

曾经有一位女教师在上一堂公开课时穿了一条十分艳丽的花裙子。这导致上课时学生的思绪不够集中，发言也没有平时出色，课堂效果没有预期的好。下课后，女教师才知道很多学生整整一节课都在数她的裙子上到底有多少只蝴蝶。

有些学生认为，教师穿着怪异，亦会让学生产生“老师素质一般”的反感情绪，由此“迁怒”该教师所教的学科，造成学生不好好听课的后果。

可见，作为一名教师，必须慎重地对待自己的着装行为，必须在为人师表的宗旨下，打扮得整洁朴实、美观大方，充分地把健康的审美观点和精神风貌呈现给学生，增强他们的注意力和对课堂的兴趣。

只要教师细心品味、琢磨，就可以成为学生心目中那个“美的使者”！下面是几条关于教师展现服饰美的建议：

（一）服饰整洁

所谓整洁也就是整齐和清洁，教师的衣服不论质量好坏、新旧如何，都要端正、合身。即使衣服朴素、款式陈旧、质料一般，也会给人以清新、高雅之感，令学生产生可敬可亲之感。

（二）搭配多样

教师的服装可以采用不同的搭配，经常变换花样。特别是那些款式陈旧、朴素的服饰，不能一成不变地天天穿着，做到尽量有些变化，比如匹配不同的领带、丝巾等。

（三）风格大方

所谓大方也就是在服饰、发式方面不要过分地追求时髦、华美，应以端庄、自然为主。一般来说，教师的服装式样宜在明快和自然上下功夫。衣服色彩不宜太鲜艳、太刺眼，而应以素雅、含蓄为主。

一个教师如果经常打扮得花枝招展、浓妆艳抹，将会分散学生课堂上的注意力，并有可能成为学生议论的话题，容易影响教师教学的效果和课堂氛围。

（四）整体和谐

各种服饰给人的第一印象就是色彩，因此，首先应该讲究色彩的整体和谐。另外，发型、服装各部分的造型也要注意协调统一，以达到整体的和谐与完美。

（五）与自身及场合相符

着装要与自己的性格特点相符，与年龄特点相符，与教师的身份相符。人们在不同的场合对服饰有不同的要求，教师的着装要同其职业相适应。如果将人与服饰看作一个整体，那么首先就应该考虑与背景协调。

总而言之，在学校这个环境中，教师的着装应既简洁大方、端庄典雅，又有助于营造宽松和谐的课堂学习氛围。

所以，对教师而言，应该对自身的各方面因素有整体的把握。

当然，只要教师多一些自信，多一些准备，便会找到适合自己教师身份的最佳装束，真正做到“衣如其人”，既让学生喜欢，又让学生注意力集中，达到审美与听讲效果相结合的境界。

第四节 时刻注意调整情绪

【案例】

有一位同学至今仍对他初中的数学教师“耿耿于怀”：在初中一、二年级的时候，教师和班上同学的相处还算愉快，同学们的学习情况也不错，全班平均成绩都能维持在七十分左右。然而，初三的时候，教师怀孕了，脾气变得喜怒无常，常常将自己的情绪发泄在学生身上，造成全班的同学团结起来对抗教师。由于同学们不想听这位教师授课，全班的数学平均成绩也降到了六十分以下。

现代心理学的研究已证明，愉快、欢乐、适度平稳的情绪能使中枢神经活动处于最佳状态，保证体内各系统的协调一致，充分发挥机体的潜能。因此，一堂好课中，教师的心情必然是良好的，教师精神焕发地走上讲台，以精练简洁的语言、生动形象的比喻、丰富真实的例证和工整适量的板书授课，学生则能聚精会神地聆听教师讲课，开动脑筋认真思考，踊跃发言并大胆回答问题。

教师的任何负面情绪，都会严重影响自己对知识的讲解和学生对知识的领悟，大大削弱教学效果。那么是什么原因导致教师情绪不佳呢？分析起来有三种原因：

首先，身体状况会影响情绪。比如患有某种疾病，或长期身体虚弱，或休息不好，还有女教师的生理周期等，都会对情绪产生不良影响。

其次，社会客观因素影响。人生活于社会之中，其周围环境的变化往往会影响情绪。如生活、工作中遇到困难，遭受挫折；领导对待自己不公平；同事或夫妻间闹矛盾；工资待遇、住房、职称评定没能满足要求等都会造成情绪不佳。

另外，教师的情绪有时还会受到学生的影响。比如一个教师本来情绪不错，当他走进教室发现学生乱成一团，满屋狼藉或者黑板没擦时，心情就有可能起伏；讲课过程中若有些学生调皮捣蛋，或者课堂气氛不佳等，教师的情绪也会受到影响。

针对导致情绪不佳的这些因素，教师在课前应从以下几个方面进行调整：

（一）加强身体锻炼

拥有一个健康的身体就是具备良好情绪的前提。俗话说："身体是革命的本钱。"虚弱多病的身体不仅会使自己的情绪不佳，而且还会使人干任何工作都感到力不从心。因此，为了做好教学工作，在工作之余，教师应尽量抽出时间加强体育锻炼，保持身体健康。

（二）养成平和心态

社会是复杂的，不尽如人意的事随时都有可能遇到。有些人在失意面前悲观、懊悔，而有些人却能够泰然处之，关键还是看一个人在主观上如何看待这些问题。如果我们能够在遇到困难时坚忍不拔，对待他人宽厚仁慈，对待名利不斤斤计较，对待挫折不悲观丧气，那么我们在工作中就能时常保持乐观向上的情绪。当然，要做到性格开朗、处事泰然、心态平和，绝非一朝一夕之功。但只要我们平时注意加强心理素质，增强心理承受能力和行为的控制能力，努力克服自己性格上的弱点，凡事都能想开一点，就一定可以做到乐观向上、处事泰然、心态平和。

（三）认真对待情绪

如何才能避免把不好的情绪带进课堂，是教师必须认真对待的问题。一般情况下教师对自己的不佳情绪是能够体会到的，因此，教师一旦发现自己的情绪不佳，就应适时地加以调整，不要让其再继续下去。当课前发现自己的情绪不佳时，可以采用静坐，想一些开心的事等方式转移自己的注意力，同时也放松自己，消除疲劳，保持精神饱满。另外也要做好课前的一切准备工作，包括备好课，熟悉教案，对教学全过程做到胸有成竹，避免在课堂上陷入焦虑状态。

总之，在课堂教学中，教师只有保持最佳的情绪，才能充分发挥自己的教学水平；保持良好和谐的课堂气氛，才会有高效率、高质量的教学。

第五节 备好高水平的教案

一份以大学生为对象的调查问卷显示，超过 65% 的学生认为自己身边的老师不称职。“现在多数老师上课都不准备教案，甚至常常连书都不拿。”在调查中，大三学生小孙颇有代表性地表达了他们的不满，“我经常逃课，就是因为有些课实在太无聊。老师从不备课，上课照着教材低头念，考试前就画画书上的重点，实在学不到真正的知识！”

教师要上好课，真正尽到自己“传道、授业、解惑”的责任，首先要有充分的准备，认真备好课。而编写教案则是备好课的重要方面。

教案是进行教学的方案，它体现了教学过程的计划性，是贯彻教学要求、提高教学质量的重要保证。编写教案的过程，是进一步钻研教材、明确教学目的，考虑教学对象、教学内容与方法的过程。它可以使教学内容更加具有系统性、科学性和针对性。

教案的基本内容一般包括：

1. 课题计划（一篇课文或一章节内容的教学计划），包括：

（1）课题名称；

（2）教学目的与要求；

（3）教学重难点（重点与难点要明确分开写）；

（4）授课类型及方法；

（5）计划课时。

2. 课时计划（根据实际教学需要分课时写出计划，原则上每两节课或三节课写一个课时计划），包括：

（1）教学要点及要求；

（2）教学过程（应包括教学内容，体现教学步骤及方法，实训、实践环节设计等）；

（3）作业布置（应写明页数、题号及要求）；

（4）小结（指上完课后在教与学方面的经验教训及体会等）。

对教案内容的基本要求有：

（1）教学目的明确；

（2）教学内容充实，科学性强，有先进性；

（3）教学重点突出，难点明确；

（4）教学方法得当，有启发式考虑，有创新思想和创新能力培养的安排；

（5）电子屏幕显示或板书设计得当；

（6）教学进程合理，思路清晰，逻辑性强；

（7）有课后小结。

教案的详略程度没有一定的规定，或详或略，视具体情况而定。详细的可接近讲稿，内容周密全面；简单的可以拟成提纲，只要把教学的基本内容、方法和步骤体现出来即可。

【案例】

《钱被风刮跑以后》教学设计

一、教材分析

文章主要记叙了二十多年前，在一个北风凛冽的日子里，“我”骑车撞倒一位低头数钱的老大爷，钱掉在地上并随风四处飞扬，过路行人纷纷“抢”钱归还主人的故事，赞扬了真诚、友爱、互助的好品德和良好社会风尚。

二、教学目标

1. 通过各种识字方法，认识本课的四个生字；利用观察字形的方法，学会写本课的五个生字；在语言环境中，体会理解“迟疑”和“肯定”“沉重”和“轻松”。

2. 通过自读感悟，理解课文内容，体会本文按事情发展的先后顺序写的思路，鼓励学生自述。

3. 通过理解过路行人“抢”被北风吹落的钱，并还给主人的故事，帮助学生体会并学习真诚、友爱、互助的良好品质。

三、教学重点

品读第五、六自然段，引导学生从人物的动作、神态、语言方面感悟人物的内心世界，从“迟疑”与“肯定”，“沉重”与“轻松”中，体会互助友爱的人间真情的可贵和可敬。

四、教学难点

理解课文中“抢”字加引号与不加引号的不同意义。

五、教学课时

1课时。

六、教学过程

（一）提问导入

1. 板书课题，齐读。

2. 提问：读了课题你想知道什么？（“钱”被风刮跑了以后，发生了什么事。）

（二）学习课文

1. 出示课件，检查生字，正音。“趔趄、诧、蹬、续”。

2. 自读课文，想想课文主要讲了一件什么事？指名回答，教师指导学生练习用较简练的语言概括文章的主要内容。因本文是记叙文，故引导学生从时间、地点、人物以及事件等要素来叙述。

3. 理清结构：钱为什么被风刮跑——钱被风刮跑以后。

4. 自读学习“钱为什么被风刮跑”部分，指名学生用一句话概括说明。（“1月20日，长春，刮着猛烈的北风，‘我’骑车撞了一个低头数钱的老大爷，钱被风刮跑，心情很慌乱。”）

5. 指导学习“钱被风刮跑了以后”部分。

（1）过路行人的动作、神态、语言。（“不约而同地向钱飘走的方向跑去，有人还高喊着：‘钱跑了！快抢啊！’”；“从四面八方陆续朝老人走来，把‘抢’来的钱一一交到他的手里。”）

（2）老大爷的动作、神态、语言。（“焦急地拍着大腿说：‘风刮人还抢，这可怎么得了！’”“喜出望外，不住地向众人点头。”）

（3）“我”的动作、神态、语言。（“我沉重的心情一下子变得轻松了。”）

（4）自己边读边想几个“抢”字，加引号与不加引号的含义有何异同。（①当时风大，动作必须快，故用“抢”；②这种行为目的是为老大爷追回钱，不是夺走，它实际是帮助性质的。）

（5）品读第五、六自然段，通过体会“迟疑”与“肯定”“沉重”与“轻松”的含义，感悟老大爷和我的心情变化。

6. 再读课文，整体感悟。

7. 鼓励学生按事情发展的先后顺序讲述在风中发生的事。

8. 结合课后习题，感悟文章内容。

“课文叙述了二十多年前一件真实的事，谈谈你读后的想法。”

（三）课堂作业

“假如这件事发生在今天，人们会怎么做，说出理由。”

（四）板书（略）

七、教学后记（略）

第六节　提升自己的人格魅力

一位教师每次给学生上课，课堂总是充满欢声笑语，而且他带的每个班平均成绩总是名列前茅，其他教师向他请教“秘诀”，他总是淡淡地说：“还是那句熟得不能再熟的话：‘亲其师方能信其道。’要说秘诀那就只有一个——让学生喜欢你。”所以，要想让课堂活力四射、温馨宜人，教师在喜欢学生的同时，也要让学生喜欢教师、亲近教师。

什么样的教师会招学生喜欢呢？曾有一位有心的班主任在他的学生中做了“我喜爱怎样的班主任”的调查。

学生甲：在我接触的班主任中，有一位给我留下很深刻的印象。他有一种使人着迷的力量。他平时见到学生总是面带微笑，使人感到亲切而真诚，叫人一看就喜欢他。但是，当他严厉的时候，我们的心都会怦怦地跳。他说出的话句句在理，字字铿锵，令人信服！

学生乙：总的来说，我更喜欢有个性的年轻班主任，他们干练、风趣、热情、坚定、爽直，适合我们年轻人的口味。

学生丙：学生会思考，老师应该更会思考。班主任不要包办一切，代替学生思考，而要引导学生自己去思考，让我们自己得出结论。班主任对学生提出的问题不能回避，否则将失去在学生中的威信。学生有时和班主任唱反调，但真理不一定总在班主任手上。

再让我们看另一份调查结果，学生喜爱的班主任具有如下能力：

1. 真心实意关心爱护学生，体贴理解学生。

2. 平等地对待学生，每天用微笑面对学生。

3. 经常组织开展有利于发挥学生才能的活动。

4. 能督促学生抓紧时间。

5. 不拿扣分数来约束学生。

6. 经常给学生鼓励，不打击不训斥学生。

7. 通过实践教会学生怎样才能做好，而不是一味讲道理。

8. 不说套话，布置工作有重点。

9. 善于发现学生的心理变化，给予学生心理指导。

10. 能把学生的意见反映到学校领导那里去。

11. 经常与学生讨论社会动态方面的信息，开阔学生的视野。

12. 能融入学生之中，有号召力、凝聚力，能带动班级气氛。

13. 小事糊涂，大事清楚，该管的管好，不该管的不管。

14. 能如实指出学生的每一点进步和退步。

15. 经常对学生进行方法指导，减轻学生的学习负担。

16. 博学多才、幽默、性格好、易相处。

根据以上资料，学生喜欢的班主任（当然也包括其他教师）是一位拥有广博知识和多种魅力的教师。那么，使学生着迷的力量源自什么？

它源自教师的崇高理想和对教育事业的无比热爱，渗透在教师的举止言谈中，每一个学生随时随地都能感受得到。教师必须具有一定的文化知识和较高的专业知识素养，还要努力学习自然科学、社会科学、艺术学、心理学等方面的相关知识，因为这些知识能帮助学生求知，辅导学生成才。教师的教学水平高了，就能提高他在班上的威信。还有，优秀的教师还必须具有培养学生成为创造型、发展型人才的能力。

一个教师要想打造有生命力的课堂，就必须获得学生的认同和喜爱，而这些都需要教师不断地提升个人品质和个人魅力。心理学家认为：几乎所有学生都有模仿教师行为的倾向，其中，对班主任言行的仿效显得尤为突出。强烈的模仿心理使他们常常自觉不自觉地把教师的人格形象作为自己的参照系数和人生旅途的导向标。因此，苏联著名教育家K.D.乌申斯基总结道："在教育中，一切都应以教育者的人格为基础，因为只有人格才能影响人格。"

一、提升情感魅力

爱是教育的先决条件，教师对学生的爱是师生之间交流的润滑剂，没有爱就没有教育。因为教师工作特别是班主任工作是一项非常细杂的烦琐工作，他的工作对象是一个个鲜活的、独特的生命，随时随地都萌生着不同的想法，做出不同的行为。而这些生命又来自不同家庭，生活在不同的环境里，思想、行为相差甚大。将他们聚拢在一起，并形成一个健康积极向上的群体，这是一件非常不容易的事。如果没有对教育事业的热爱，没有对学生的爱，一定会产生怠惰和消极情绪，最终导致与学生的隔阂、冲突。

优秀的教师永远保持一份爱心，无怨无悔、全心全意，他用爱滋润着自己，也滋润着他人。在他身上，有着慈爱、宽厚的光辉，让人不知不觉地聚在他身边，聆听他的教诲。

爱是广博的。任何一位教师不可避免地会把学习优秀的学生当成重点关注对象，但如果教师能对学习有困难的学生投入同样的爱，那才更可贵。假如教师对学习有困难的学生厌烦了，很有可能教育就结束了，所有的问题就会接踵而来。所以，我们要耐心地去寻找这些孩子身上的闪光点，去积极地鼓励、暗示、肯定他。如果他们接受了教师的关爱，一定会产生意想不到的奇迹。所以，爱应是广博的，是施与班上每一个学生的。

爱是理性而深刻的。文学家高尔基曾说："爱孩子，那是连母鸡都会做的事。如何教育孩子，则是一件大事""所谓真爱，就是把孩子当成真正的人，尊重其人格，满足其需要，引导其发展，而不求利欲之利。也就是说，这是一种纯粹的爱、科学的爱、理智的爱"。这种爱能对学生产生深远的影响。它体现着教师更深刻的教育思想：不仅关注学生的智力，更关注学生的情感；不仅关注学生的身体健康，更关注其灵魂；不仅关注学生的学习成绩，更关注学生的发展与创造。

爱还是一种艺术，"教育和教学的技巧和艺术就在于使每一个儿童的力量可以发挥出来，使他享受到脑力劳动中成功的乐趣"。艺术的爱更可以激发我们的教育智慧，同时培养更为智慧的学生。

【案例】

一个学生打断了教师的话。

A 教师：我希望把话说完。

B 教师：你很没有礼貌，你在打岔。

教师在布置作业的时候，两个男孩小声说话。

A 教师：我现在正在布置作业，你们应该记下来。

B 教师：除了说话，你们就没有其他更好的事情可做吗？为什么不把我布置的作业写下来？

一个学生没有举手或者不等轮到他就抢着回答了问题。

A 教师：我希望听到更多学生的回答。

B 教师：谁允许你说话了？班上不是只有你一个人。

星期一早晨，教室乱成了一锅粥，学生们四处走动，大声喧哗。

A 教师：我要开始上课了。

B 教师：别闹了！你们都坐下。周末已经结束了，这里可不是游乐场。

一个学生缺课一周以后再回到班里。

A 教师：欢迎你回来，我们都很想念你。

B 教师：怪不得上星期教室里这么安静呢，原来你没有来啊。

比较一下两位教师的表达，谁的表达更容易被学生接受呢？谁的表达能更好地避免冲突呢？谁的表达更有利于课堂气氛呢？

答案显而易见。其实教师们都知道学生需要理解和接纳，但很少有人知道如何在实际工作中传达这种理解和接纳，因为这是一门复杂的语言艺术。A 教师只陈述了他的感觉与期望，并使用“我”字开头的句子，这其中没有传达出批评的意味。B 教师所使用的都是批评性语言、指责性语言，并且都是用“你”字开头的句子，将学生推向了对立一面。批评性语言会导致学生的对抗，非批评性语言可以赢得学生的积极合作。

有人说教育是一切艺术中最渊博、最复杂、最高的艺术。掌握教育的艺术，掌握爱的艺术，就能在成为一名优秀的教师的道路上走得更加顺畅。

二、提升专业能力

新的时代，教师所面临的信息化的挑战，所面对的求知欲望强烈的对象，是压力更是动力，这一切都向教师提出了更高、更新的挑战。教师不仅要全面地掌握知识，还要比学生掌握的知识高出几筹、深入几分，才能“纵横千里”“收放自如”，让学生感到“听君一席话，胜读十年书”。

如果一个教师在工作上、知识上表现得平庸与无能，那么无论他说话时多么耐心，多么善良，无论他如何体贴关心学生，都不能获得学生真正的尊敬，当然也很难打造出生动有趣的课堂。越是高年级的学生，对教师知识水平的期望越高。一般来说，教师的文化素质越高，在学生中的威信越高。

所以，一个优秀的教师一定要在所教的课程上下狠功夫，要“求精求深”，对专业知识不仅要知其然，更要知其所以然；还要“求博求广”，触类旁通，具有相关学科的知识；要不断地探求教育艺术；要拥有演说家的口才和艺术家的风采，使学生羡慕、模仿，听从教诲，吸收学识。

三、提升师德品质

优秀的教师在学生心目中就是高尚人格的化身，教师要把学生造就成什么样的人，自己就该是什么样的人。苏联教育家 V.A. 苏霍姆林斯基说：“我们每位教师，都不是教育思想的抽象体现者，而是活生生的个性，它不仅帮助学生认识事情，而且帮助学生认识自己本身。这里起决定作用的是：学生从我们身上看到的是什么样的人。”

以身作则，为人师表，绝不是老生常谈，而是一定要谨记在心的原则。教师要时刻注意自己的行为规范，明白身教永远胜于言教。班主任拖沓，别指望学生积极主动；班主任马虎，别指望学生严谨认真；班主任消极，别指望学生开朗上进；班主任虚伪，别指望学生诚实守信……拥有高尚的师德，应是教师永远的追求。

一个师德高尚的教师，首先要表现出对教育这一事业的忠诚与热爱。其次还要讲奉献，不能一切“向钱看”。教师应该是奉公守法，遵守社会公德的典范；是团结协作，诚实谦虚的榜样；还应是一个乐学上进，学而不厌的探求者；更应是充满自信，富有勇气的先行者。

四、提升心理素质

曾经，面对学生青春期的逆反表现，有位教师无能为力、万分焦虑。耐心说教，学生无动于衷；严格管教，学生冲撞反叛。

后来这位教师去进修了教育心理学的课程。课堂上授课的老教授讲解说，每个人的一生在不同时期都会出现逆反情绪，如果有很好的疏导，便会顺利化解这一情绪，从而有更高的发展。比如幼儿会在三四岁时出现逆反情绪，为幼儿逆反期，表现为不再乖顺，挣脱大人的牵引，尝试去做大人禁止的事，不如意就大哭大闹。三四年级是儿童逆反期，初二前后是少年逆反期，高二前后属于青春逆反期，当然还有中年逆反期——更年期，老年逆反期——“老小孩”。人在每一个逆反期，都会有一个假想敌，还会有意无意地去挑战。但是这个时期不会太长，一般一年上下。如果教师掌握了这样的规律，将其视为每个人都会经历的一种成长的过程，就会镇定从容很多，以另一种心态耐心地接受它，进而去引导、疏通、包容，从而使其顺利过渡。经过这样一次成长，孩子会在智力上有所提高，情感上有所成熟，人生跨入一个新的高度。如果过不好，被压制、被扼杀，这种逆反就很可能延长，成为其性格的主导，或者在他下一个逆反期出现更激烈的反应。

这样的心理学知识，让这位教师情绪稳定了，心理焦虑减轻了，他开始更理解学生，更理性地判断学生的行为，更耐心地讲道理，很有效地指导家长，减少了家长和学生之间的冲突。学生从这位教师的稳定情绪中获得了安全感，他逐渐调整自己的情绪，或者通过其他方式舒缓压力，排解焦虑。所以，加强理论学习，树立科学的教育观，是教师提升良好心理素养的先决条件。

自我激励是提升心理素养的好办法。自我激励会给自己积极的心理暗示，它能促使你不断进取，不怕失败，坚持不懈，拥有乐观的态度；又会使人对生活充满期望，让人感到未来无限美好，让自己能够充满活力与激情，这样的情绪也会感染和培养乐观积极的学生。

坚忍执着的信念是最强大的心理支撑。教师，尤其是班主任工作上的烦琐和困难是大多数人无法想象的。教育不是一劳永逸的事，不可能一蹴而就。一个班级的良好学风需要较长的时间才能形成，后进生的转化需要反复、多次的教育才能实现。这个时候，如果没有坚忍的信念很可能半途而废，所以，教师必须培养自己坚忍顽强的意志和信念，才能调整好自己的情绪，合理教学，坚持下去，不轻言放弃。

良好的心理素养还包括不断反省，总结得失，完善自我的能力。优秀的教师会常常为自己做心理鉴定，善于剖析自己，对自己的认识、情感、意志、个性等特点，包括积极和消极两方面都有清楚的认知。只有了解自己，才能驾驭自己，调节自己的行动，扬长避短，使自己逐渐成为一名优秀的教师。

五、培养独特魅力

教师应该成为学生崇拜的偶像。青年班主任身上所特有的热情、干练、风趣是独有的魅力，它们跨越了师生的障碍，受到学生的喜爱。除了教育教学受到学生认可之外，如果教师还能弹一手好琴，唱一首好歌，写一手好字，画一幅好画，或者能打篮球和踢足球，学生一定更加佩服、尊重和崇拜教师。教师的魅力会更加吸引学生，从而建立更加和谐的师生关系。

现在，社会上有很多进修学校、各种艺术班，教师可以利用假期或课余时间去学一些乐器的演奏，或者舞蹈、唱歌、书法和绘画等。这不仅能丰富自己的业余生活，提高自己的生活品位，还能通过这些特长拉近与学生的距离，一举多得，何乐而不为呢？

总之，教师提升人格魅力，让学生喜欢、崇敬、支持、配合，这既是教师事业成功的基础与前提，也是营造生动有趣课堂气氛的基础与前提。

第二章

创设积极的课堂环境与氛围

第一节 用归属感满足学生爱的需要

作为教师，面对的学生难免良莠不齐。平时在课堂上，教师往往把太多的注意力和赞美之词都放在了那些优等生身上，仿佛只有他们才是这个班级的成员，而忽视了那些所谓的“后进生”，以至于他们成了被“遗忘”的群体，在班级里没有归属感，当然也就别提认真学习了。

后进生是每位教师所要必须面对的一个非常庞大的群体，后进生的转化也是教师不可缺少的工作内容之一。因此，教师要正确对待他们，尊重他们的个性和人格，做到因材施教，使学生全面发展。

【案例】

小胡，男，入学考试成绩是全班最差的，语文成绩是个位数。通过与他的小学老师、同学的沟通与了解，我知道他对学习相当厌恶，作业经常不做，但他对电脑游戏十分着迷，操作水平很高。老师批评他，他会与老师顶撞，同学们都看不惯他。小学老师对他的总结性评语是：这是一个“双差生”。

开学一段时间后，我发现小胡不大能融入班级中，下课时间大部分是和两三个行为习惯与学习成绩一般的学生在一起聊天，每次看到我总是神色慌张地走开。这引起了我的注意。通过与那些学生的交谈，我了解到小胡经常与他们谈论电脑游戏的事情，并多次买卖游戏账号。我对这些学生分别进行了批评教育，他们也向我保证以后不玩游戏，也不谈论游戏的事情了。我又多次教育小胡，要求他告别游戏，专注于学习。每次小胡都会表示痛下决心，戒除游戏瘾。可是，其他学生反映小胡依然每天玩游戏到深夜，成绩也毫无起色。有一次，我看到小胡快速走到一个正在擦黑板的学生身旁说了一句什么话便走开了。看着那名学生愕然的神情，我问他小胡对他说什么了，他告诉我小胡说了一句游戏术语，不知他什么意思。看来，小胡对游戏的入迷远非我几次谈话就能抵消的，对他我该怎样开展教育工作呢？

不久后，学校要求每班设一个“节能管理员”，对班级的用电、用水等进行管理。我马上想到了小胡，让他当节能管理员，每节课下课时对班级的用水、用电进行检查，既能分散他对游戏的注意力，又能为班级节约能源，是两全其美的事情。于是，我先与小胡说了我的想法，并与他约定：节能工作做得好，给他加德育考核分；做得不好，要撤销他的管理员资格。随后，我在班级中公布了我的决定，并说：“我相信小胡一定能胜任这个工作，并得到加分。”这以后，小胡总是第一时间检查班级的电灯、吊扇是否关掉，饮水机是否漏水。开始几天有忘记的，我提醒了他，以后他忘记的次数越来越少。我在班级中郑重表扬了小胡，并提高到集体主义的高度。全班同学第一次向他投去赞许的目光，小胡红着脸低下了头。之后，小胡对班级的其他事情也变得热心起来，我看到他与越来越多的同学开始了较正常的交往。我了解到他有时还会在家玩游戏，但在学校里他不再谈论。他的这些转变让我欣喜，我对他的教育充满了信心。

马斯洛的需要层次论告诉我们：人的需要从低级到高级依次是生理的需要、安全的需要、社交的需要、尊重的需要和自我实现的需要，只有低级的需要得到满足之后才会向高级的需要过渡。有些后进生之所以表现出后进的行为，没有表现出想要“自我实现的需要”，这应该是与某些较低级的需要没有得到满足有关。在上面的这个案例中，这位教师正是通过让小胡担任节能管理员，让他融入集体，有归属感，从而满足他归属与爱的需要，之后再设法把他引向更高层次的需要。

卢梭在《爱弥儿》一书中有一句名言：“教育必须从了解人心入手。”只有了解人，才能教育人。“每个人都有一颗成为好人的心”，只要教师们都以满腔热情去关心、信任并帮助后进生，积极维护他们的人格与自尊，发现他们的闪光点，给他们改变的信心，后进生是完全可以成为优秀学生的。一旦他们在课堂上找到了归属感，还有什么能阻止他们认真听课呢？

因此，要想学生在课堂上认真听讲，帮助他们找到归属感是第一重要的事情！

第二节　营造和谐的课堂氛围

列宁曾经说过：“没有人的情感，就从来没有也不可能有人对于真理的追求。”教学是师生之间情感与知识的双边交流，只有创造一个宽松和谐的氛围，才能使教学内容活泼有趣，充满生机，才能激发学生的学习热情，使学生在课堂中充分发挥主体地位，积极投入学习之中。

那么，作为教师，如何才能为学生创设一个和谐的学习氛围呢？

（一）善于倾听学生的声音

教师要善于倾听，倾听是一种容纳与尊重。会积极倾听的教师能够将自己全部的注意力都放在学生身上，给予对方最大的、无条件的、真诚的关注，能够用一些恰当的暗示来表达对学生的关心。比如点头、身子往前倾、微笑等动作，让学生知道你真心地在听；口头的暗示，如“哦”“是的”“我懂了”等也能让学生知道你的态度和兴趣。

（二）给学生插话的权利

某位教师的课堂上，经常有学生在做课堂作业时站起来发表自己的见解：“老师，今天学的‘照’这个字，我有个好办法能够记住它。”“老师，我还有更好的办法能把铁牛捞起来。”“老师，我认为今天学的课文中有个词用得不够准确，我可以给它换个更好的词。”“老师……”

其实，学生不由自主地插话的时候，正是他自身主体意识觉醒，开始积极进行思维探究、产生问题的时候。教师要鼓励学生敢于插话，勇于质疑。无论是课中还是课后，学生都可以提出自己的疑问，提出自己独特的见解。

（三）培养学生的创新意识

学生在动手的基础上动脑，就一定能促成主观能动意识，培养出创新意识。动手操作能让学生学到知识、发展能力，不仅不会把学生捆死在一个模式里，而且充分发挥了他们的想象力，培养了创新意识。

【案例】

我在讲解《游园不值》这首古诗时配了一幅“一枝红杏出墙来”的彩色插图。在学生了解诗意后，我让他们根据诗句“春色满园关不住，一枝红杏出墙来”，结合插图，充分想象：在作者没有看到的园子里，春天的景色是什么样子的？然后分小组根据自己的想象画出作者没有看到的“春色满园”，并展示出来，再根据自己画的“春色满园”，向全班同学解说图上画的内容。学生们兴趣盎然，充分发挥各自的特长，能想的想，能画的画，能说的说，课堂气氛非常活跃。通过这一活动，每位学生参与学习的积极性和主动性都得到了充分调动，学生的想象能力、绘画能力和口头表达能力也得到了锻炼。

（四）让学生感到被重视

学生还需要在课堂上感到自己被重视。他们一旦认为自己在课堂上是无关紧要的，就会失去参与竞争和取得进步的动力。如在课堂上，教师大多会选择学习较好的学生回答问题，而且会一节课回答好几次，这势必就严重影响其他学生的自信心和学习积极性。除此之外，教师要读准学生的名字。现在有些学生的名字可能是一些生僻字，这需要教师在课前做好准备。教师努力记住每一位同学，能在课上准确地叫出每一个人的名字，这会让学生觉得自己被重视。

（五）用体态语表达对学生的关注

合适的体态语可以增进学生的信心。教师在课堂上要面带微笑，对每一个学生都要表现出关注、欣赏的情感，要用眼神表现自己对学生的鼓励、赞赏之情，避免经常皱眉头或板着脸。

（六）消除学生对课堂的恐惧感

学生的承受力是有限的，如果他们在恐惧感中生活太长时间，就很容易焦虑、沮丧、无助，失去对教师的信任。有些学生甚至会选择退学来逃避恐惧。当学生用带着异样的目光看待周围的环境时，就容易讨厌班级、讨厌教师，讨厌同学。

因此，教师有责任在课堂上建立一种安全的、彼此接纳的情感氛围，教师要非常了解学生，并且敏感地察觉到学生的个人需要，通过友好而公平的方式促进课堂的健康氛围，帮助每个学生树立适当的奋斗目标。

第三节　增强课堂趣味性

兴趣可以点燃智慧的“火花”，它是克服困难的一种内在的心理因素，是学习知识的动力。学生对他所学的东西一旦有了兴趣，就会不知疲倦，越学越爱学。而现在不少教师在课堂上都是照本宣科，教学设计僵化、死板；教学内容枯燥，根本不能引起学生学习的兴趣。对于学生来说，这样的课堂会使他们失去兴趣，厌烦学习，甚至放弃这门功课。

美国教育学家布鲁纳说过：“学习的最好动力是对学习材料的兴趣。”因此，能否激发学生学习的积极性，最大限度地调动学生学习的主动性，除了要考虑其他诸多因素外，教师还必须对施教的材料或引入或加工，将趣味性融于知识之中，使学习变得轻松、愉快、有趣。

那么，教师如何才能增强课堂的趣味性呢？

（一）给学生亲自动手的机会

学生对于自己动手参与的东西是尤其感兴趣的，他们总喜欢在课堂上“做些小动作”。一位初一英语教师在上完教材第八单元《颜色》后，就给学生上了一节“美术课”。在课上，她先要求学生把他们所带的颜料的各种颜色用英语说出来，并且和同桌练习问答。然后再带领大家做一个游戏：通过猜一猜的游戏方式，继续复习颜色类的单词，等所有的单词都复习完了之后，让学生取出调色盘，并且出示卡片：red + yellow =？通过学生自己进行调色得出答案“orange”来。

当然除了教师规定要调的颜色之外，她还让学生自己调色，然后出题提问大家。这样一节课下来，每一个学生都对这些颜色类的单词留下了深刻的印象，不仅复习了已学的单词，而且在学生自己调色的过程中还掌握了一些其他颜色的单词，大大扩充了他们的词汇量。

（二）设计角色表演活动

学生对有趣的事情总是怀有强烈的好奇心，而模仿和表演是人的天性。因此，在课堂教学中适当地加入角色表演活动会大大增强课程的趣味性。

【案例】

学生自由读《美丽的小路》这篇课文，分小节抽读课文。

师：美丽的小路是怎样的？为什么不见了呢？课文哪几小节讲了这些内容？自己读读课文一至八小节，然后四人小组自己分角色表演一下。

（教室气氛顿时活跃起来。四人小组中一人读课文，一人演兔姑娘，一人演鹿先生，一人演鸭先生）

师：哪个小组愿意上来演一演？

（师抽了一个小组，给每个角色戴上头饰）

师：（有些不满意）他们演得好不好？

（学生纷纷表示不太满意）

师：哪个组能演得更好？

（学生踊跃举手）

通过角色表演活动，学生们参与课堂的积极性都得到了极大的提高。

（三）运用多媒体刺激学生积极思维

如果在教学中能运用投影、广播等多媒体手段，使课文由无声变有声，由无色变有色，刺激学生的听觉和视觉，能给学生生动形象的感性认识，使学生有身临其境之感，这会对激发学生的学习兴趣产生积极的作用。一位教师在讲《美国的霸权政策》时，为了凸显“美国侵略朝鲜半岛”这个课文中内容少、故事情节不多的重点，巧妙地利用电教设备播放了朝鲜战争相关的影视片段，配以“朝鲜战争形势图”，让其声色交融，图文并茂。以其动态性、故事性、形象性、直观性刺激学生的感官、思维，既让学生感到“身临其境”，激发了学习兴趣，又使学生在学习中认识到朝鲜战争是“美国霸权主义政策”在亚洲的具体体现。

（四）设置有趣的提问

在教学过程中，如果教师能够把一些较为枯燥的文字变成有趣的问题，就会大大激发学生的求知欲。

【案例】

鸦片战争前，中国是一个版图辽阔的国家；鸦片战争后，中国版图逐渐变小。有位教师在讲授俄国侵占我国领土的过程时，在自学提纲中设置了这样的问题：我国是如何由一头胖胖的大猪变成一只瘦鸡的，同学们，请找出是何人操刀、怎样宰割的？这样的问题大大地增强了学生的兴趣，同时也活跃了课堂气氛。

以上只是诸多方法里的几种，具体如何做还需要教师在实践中发挥聪明才智，自己去构思、设计，针对不同的教学内容，采用不同的教学方式，使课堂变得丰富有趣，以调动学生的情绪，充分发挥学生的学习自主性，提高课堂效率。

第四节 亲和力的独特魅力

如果一位教师拥有亲和力，那么他会赢得学生的尊敬和信任，获得学生的宽容和理解。因此，即使某个教师可能在教学方面有所欠缺，同样能引导学生热情地学习、主动地思考，由此创设宽松和谐的课堂氛围，获得最大限度的教学效果。反之，如果教师自视甚高，不顾学生的感受，我行我素、唯我独尊，那就容易引起学生的逆反心理，即使这位教师的学问再高，课讲得再好，学生也不一定爱听，最终也不一定能取得良好的教学效果。

其实，教师的亲和力本质上是一种爱，只有教师发自肺腑地爱学生，才能真正地亲近学生、关心学生，这样才能激发学生对于真理的追求。教师亲和力的核心是民主平等的思想，只有把学生看成“真正的人”，当作自己的亲密朋友，才能容忍学生的缺点，尊重他们的表达权；才能控制自己的情绪，做到以理服人，以情动人。拥有较强的亲和力的教师，一般拥有宽广的胸怀，能够理解学生的兴趣爱好，允许学生发挥自己的特长，他能真诚地帮助学生在非本学科领域里获得成功，真正成为学生信赖、敬佩、爱戴的良师益友。

【案例】

师：同学们认识我吗？我姓薛。仔细看看我，有些什么特点？

生1：你人长得很高、很瘦。

师：高好啊！站得高，看得远嘛！

生2：你的头很小。

师：头小，智慧多。

生3：你的牙齿有点凸出来。

生4：眼睛小小的。

生5：脖子很长。

师：脖子长好啊！天鹅的脖子多长，那是高雅！（众笑）

生6：你有点驼背。

师：这是我向骆驼学习的结果。当然，我只能成为单峰骆驼。（众大笑）

生7：你的字写得很漂亮。

师：（与学生握手）谢谢你，只有你夸奖我！要不然，我真的会感到自卑的。

…………

这一教学片段是课前的一次对话。教师让学生评价教师的外貌，拉近了师生之间的距离，学生不再“仰望”教师，敢于说出真实的感受，使学生获得自信；课堂中的阵阵笑声，说明这样的对话大大活跃了课堂气氛，提高了学生学习的积极性；薛老师对学生的回答做出了精彩的回应，为下面的教学做了很好的铺垫；与学生“握手”更是在行动上给了学生莫大的鼓励。

薛老师的“亲和力”真正实现了教师与学生之间的平等沟通，真诚互动。这不仅是用语言在对话，同时也是用情感与价值观在对话，使学生对教师的尊重与信任发自内心，同时也促进了学生智力与人格的协调发展。

第五节 让微笑温暖课堂

【案例】

古河是个穷苦孩子，小时候帮人做豆腐贴补家用。他做事认真，总是尽心尽力，充满信心，所以总是把事情做得很好。而且不管什么时候看到他，他都是一副信心十足、笑容满面的样子，所以，豆腐店老板把看他做事当成是件愉快的事。

长大以后，他不再做豆腐了，而是被放债的人雇去催收钱款。靠着他的笑容，古河把收款的事情做得很出色，不论多么难收的款他都能收回来。有一次，古河到一个借债的人那里去收钱。这笔债早就应该还了，可是借债的人硬是一拖再拖。这一次，他一看又来了个讨债的，脸色立刻沉下来，对古河一脸冰霜，横竖不理不睬，把古河一个人晾在那里，自己走了。到晚上睡觉的时候，他也没搭理古河，自顾自关了灯，睡大觉去了，让古河一个人摸黑苦坐。古河晚饭没吃，又冷又饿，但他就是不生气，就那么静静地坐着，一直坐到天亮。第二天早晨，那个借债的人看到古河仍然坐着，脸上仍然挂着笑容，没有一点儿生气的样子，着实被感动了，于是恭恭敬敬地把钱还给了古河。

古河的随和、耐心和永久的笑容，显示了一种心理的力量、意志的力量、信心的力量。两年后，古河靠自己聚集的财富买了一个废弃的铜矿，后来成为日本的矿业大王。

人们这样评论他的成功："守候着信心和笑容，一切都变得有利起来。"

也许，微笑是一件很简单的小事，但它确实有着难以替代的作用。同样的，微笑在教育教学中不可缺少，因为教育应该是在微笑中进行的一项事业，每一位教师都应该把自己最美丽的微笑奉献给学生。如果教师始终用自信的微笑迎接学生投来的各种目光，那么学生读懂了教师的微笑，自然可以调节情绪，缓和气氛，消除师生间的猜疑和压抑，增进感情。

在这种无声的交流中，师生间传递了对彼此的好感和信任。教师真诚的微笑可以顺利博得学生的青睐，赢来和谐、轻松的教学氛围。

【案例】

师：（微笑）相信大家一定看过很多书吧？老师要考一考大家的知识是不是很丰富，肚子里装的是不是全是墨水。老师要向你们打听几个人的名字，如果大家知道，就大胆自信地举手，告诉我他的情况，好吗？

师：谁知道张飞？

生1：张飞是三国时的一员猛将。

师：呵呵，希望你也成为举手的猛将。再问大家，谁知道张继？

生2：是《枫桥夜泊》的作者。

（生齐背《枫桥夜泊》）

师：老师真想继续听大家背诗，但是时间不允许，课下再找几个同学来背好吗？继续问大家，谁知道张良？

生3：张良是汉朝刘邦手下的一位文臣。

生4：张梁是黄巾起义的一名首领。

师：真是难不倒大家。再问，谁知道张学良（笑）？他可不是学张良的哦！

生1：好像是西安事变中和杨虎城将军一起劫持蒋介石的一

员名将！（台下老师笑）

师：你瞧，这孩子多会说话，他用了一个“好像”——对自己的说话没有把握，就用“好像”。我注意到你已经是第二次发言了，真的是一员“猛将”啊！最后提一个问题：谁知道张祖庆？（台上台下哄堂大笑）

生5：就是你！（笑）

师：你能具体介绍一下我吗？

生5：嗯（犹豫）……不能！

师：你看着我就能了。

生5：您戴着一副眼镜，身上穿着一件白衣服。（台下笑声一片）

师：这些看得见的就别再说了。一个男老师（笑），和大家一起学习的，来自浙江。欢迎我为大家上课吗？

（生齐声：欢迎！）

师：那好，咱们正式上课。

（师生问好）

张老师给人的第一印象是一位不拘小节、幽默风趣的教师，他和学生的课前谈话——向学生打听几个人，从张飞、张良、张学良到自己张祖庆，不但显示了他的幽默风趣，更表现了他的睿智和自信，令人赞叹。而且，张老师利用“向学生打听人物”这巧妙的设计考查了学生的课外阅读水平，令学生感到自己慢慢地成了学习的主人。

常言道：“教师为人师表”。那教师该以一个什么样的形象出现在学生面前呢？古语说，严师出高徒。严格要求学生，固然是必要的，但严格要求学生，是否就等于在学生面前要板着面孔说话，凶神恶煞一般呢？在教学实践中，众多名师的教学实例告诉我们，一个教师在课堂教学中，应当笑口常开。

在一项学生对教师课堂教学要求的调查中，研究人员发现：92% 的学生希望教师讲课面带笑容。因为教师面对学生微笑，能让学生感到教师很有精神，容易亲近，而且教师和蔼可亲的微笑，会给课堂教学带来愉快的气氛。每个人都会有情绪不好的时候，但教师千万不能把不好的情绪带到课堂当中。每次走进教室前，教师都应先让自己微笑着走进课堂，微笑着面对学生，微笑着说“同学们好”，微笑着环视教室里的每一个学生，这会自然而然地让学生感到教师在关心他们，学生便会认真听教师讲课。可见，“笑”架起了信任的桥梁，能赢得学生的欢迎，能建立起良好的师生关系，能给教学工作带来意想不到的效果。

此外，“笑”也能激发教师的教学积极性，增强自信心和责任感，使教师的教学水平得到充分发挥，使教学达到最佳的效果。那么，教师为何不对学生多一点微笑呢？

第六节　巧妙运用语言应对课堂意外

【案例】

一天下午，初二（1）班的语文课正在有条不紊地进行……

“我们刚才复习了小说的人物描写，知道了人物描写通常分为直接描写和间接描写。所谓直接描写是指直接刻画人物的语言、行动、外貌和心理等；所谓间接描写是通过别人的反映或环境的描写，从侧面烘托人物。现在为了检验大家是否掌握这一知识点，老师将朗诵一段课外的古诗，请大家判断一下这是直接描写还是间接描写。”

“行者见罗敷，下担捋髭……耕者忘其犁，锄者忘其锄，来归相怨怒，但坐观罗敷。”同学们声音洪亮地回答道：“间接描写。”

“很好！”我用欣赏的目光表扬他们后话锋一转，“为什么青年人也好，老年人也罢，行者也好，耕者也罢，这么多人见到罗敷以后，都不约而同地停下脚步去‘观罗敷’，这说明了什么呢？”一个学生洋洋自得地说：“好色！”这一下班里沸腾了，还有几个“不怀好意”的学生起哄，课堂秩序一下子混乱起来。说实在的，我当时很想发火，想教训教训这个不知天高地厚的家伙，但是，职业的理智告诉我，这个学生顺口说出“好色”二字，很可能是说者无心。所以，与其大发雷霆，给对方一阵疾风暴雨般的呵斥，不如先冷静下来稳定课堂秩序，然后再因势利导，引导学生正确鉴赏文学作品，课后再私下找那个“调皮鬼”……

短暂的停顿之后，我在黑板上写下“好色”二字，并在“好”字下加上了着重号：“同学们，‘好’字有两种读音，第三声和第四声，如果是动词，读什么音？请组词。”

“动词读第四声，如爱好、喜好、好逸恶劳、好大喜功。”同学们不知我葫芦里卖的是什么药，齐声回答，之后课堂秩序稍稍稳定了。“如果是形容词，读什么音？请组词。”我见同学们已经转移了注意力，步步追问。“形容词读第三声，如好坏、好人、好主意、好方法。”同学们好像忘了刚才的喧闹，非常认真地回答道。“很好！通过刚才的那段文字，大家能否用一个词概括罗敷的特点？”“好看”“美丽”“漂亮”“酷”……同学们争先恐后地回答起来。我连忙说：“大家说得都很对，常言说，爱美之心——”

“人皆有之。”同学们异口同声地回答。

我进一步指出：“所以，见到美好的事物，我们都想欣赏一番，是人之常情。不难看出，刚才那段文字中的青年人、老年人、耕者、行者不约而同地停下来观看罗敷，正是因为罗敷在他们眼里太美丽了，大家都想看个仔细。下面大家试着比较一下，如果说罗敷真美呀，太美啦，美得无与伦比，美得妙不可言等，这样是更具体了呢，还是更抽象了呢？”同学们高兴地回答：“更抽象了。”“对，如果一味地说罗敷美，只能给大家留下非常模糊的印象。如果通过众人的反映来写罗敷的美，读者就会感到具体真切，而且能给大家丰富的想象空间。”我看课堂秩序已经完全稳定了，接着又说：“我们也常常听说某某是好色之徒，这‘好色’是指心怀邪念的男子沉溺于情欲，贪恋女色；‘爱美’是对美好事物的欣赏、钦佩。两个词有本质区别。如此说来，用‘好色’一词来概括刚才那些人的表现合适吗？”同学们一致答道：“不合适。”这时，我有意识地瞧瞧刚才那个学生，只见他惭愧地低下了头。我最后小结：“通过大家刚才的分析，在把握文章的人物描写中，应该注意什么和什么的结合，才能收到较好的描写效果呢？”“直接描写和间接描写相结合。”学生们已经心领神会了。

这堂课十分顺利地完成了任务，而且学生掌握得较好，我也很好地平息了“好色”风波。课后，我找到那个学生，他非常惭愧地说他当时觉得很感动，他要让我期待他以后的行动。后来，他果然在课上积极主动地回答老师的提问，经过不懈努力，成绩大有长进。

教师接纳学生的感受和声音，是以学生为主体的具体表现，也为学生提供了更多的“言路”。但面对着“众说纷纭”，教师如何进行应对，显然是一个新问题。

学生中“别样的声音”往往让教师措手不及。如何处理这类问题，很大程度上体现出教师的知识水平和应变能力。一个平时笨嘴拙舌、知识匮乏、思维迟钝的教师面对这类问题时，很难从容不迫，挥洒自如。

这位教师根据问题的实际特点因势利导，巧妙点拨，从而化被动为主动，不仅很好地完成了教学任务，融洽了课堂气氛，而且取得了出人意料的教学效果。教师在课堂教学中遇到学生的“异口异声”，要用一种开放的心态去对待。遇到难题，先不要急着下结论，要思考问题的原因，再寻求妥善的解决方法。案例中的教师没有排斥那个引起问题的学生，而是接纳了他，并顺着他的思路展开了教学，很自然地处理了学生脱口而出引发的“骚乱”。试想，如果该教师当时不管三七二十一，凭着自己的冲动，将学生劈头盖脸地训斥一通，或许会让当时的课堂秩序稳定下来，但是这名学生可能从此很长一段时间都不会在课堂上发言，取得进步就更不可能了。所以，即使学生不由自主地说出一些在课堂上不该说的话，教师也要巧妙地引导，不能认为这个学生很坏。总之，教师应以灵活巧妙的方法，维护课堂气氛的轻松和谐，让学生在轻松快乐中成长。

第七节 创设民主平等的氛围

著名教育家陶行知提出：创造力量最能发挥的条件是民主。在长期的教学实践中，教师要树立民主作风，在教学中创建和谐、民主、平等的师生关系，这样才能真正形成良好的课堂教学氛围，使学生的人格和创新思维得到良好的发展，达到教育的目的。

教师在课前创设自然、民主、和谐的教学氛围，会使师生之间充满了爱意。学生不必小心翼翼地揣摩教师的想法，教师也没有将自己的观点强塞给学生。在其乐融融的聊天、谈话中，学生乐于表达，并敢想敢说，说真话，表真情。通过平等交流，学生有了轻松愉快的心境，天南地北，无所不谈。这样，他们才能放飞想象，放飞思绪，积极有效地参与到课堂教学活动之中。

总之，师生平等的对话交流，可以放松学生的紧张情绪，拉近师生距离，彼此敞开心扉，从而为精彩教学做铺垫。

我们来看几个经典教育案例：

【案例一】

师：同学们，咱们又见面了，俗话说得好啊，一回生二回熟，咱们现在就算是——

生：朋友。

师：那我这个大朋友就来跟大家打招呼，六（6）班的四十位小朋友你们好！

生：老师好！

师：不对，怎么叫老师好呢，我再来一次：六（6）班的四十位小朋友你们好！

生：大朋友好！

师：哎，这回就对了，知道我来自哪里吗？

生：江西。

师：朋友见面都要打招呼，想知道用江西南昌话打招呼是怎么打的吗？

生：想。

（师用江西话说：你好）

师：你们也尝试一下？

（生用江西话说：你好）

师：不错。你们能用太原话说“您好”吗？

生：您好！

师：恩？这不是标准普通话吗，有谁会用太原话说“您好”？

（生摇头）

师：都没尝试过，好的。这说明你们老师平时非常注重普通话的教育。昨天短短十五分钟的见面，不知道同学们对我这个大朋友有什么样的了解，谁来说说？好，你先——

生 1：从熊老师炯炯有神的大眼睛中，我看到了熊老师的智慧，我觉得这节课一定会讲得非常好，您的课是最棒的。

师：你抓住了我的神态，一下了解了我这个朋友的一个方面，谢谢！

生 2：我觉得熊老师虽然没有绅士般的动作，但他的动作很大方，如果再夸张一点就能当喜剧演员了。

（众笑鼓掌）

师：哎哟哟，真好，你能从一个动作了解我这个朋友，还有吗？

生 3：熊老师我觉得您的言谈举止很儒雅，很有书香门第的感觉，尤其是您那双大眼睛在双眼皮的衬托下显得既斯文又顽皮，我很高兴交你这个朋友。

（众笑）

师：我一定也交你这个睿智的朋友。哎呀，大庭广众之下这样夸我熊老师，我都不好意思了，还有谁想说说我这个大朋友。

生 4：老师，第一次见您我觉得您很文静，如果再加个眼镜就更文静、文质彬彬了。

（众笑）

师：孩子，这样吧，我跟你说句悄悄话，我告诉你一个小秘密，熊老师原来可是戴眼镜的。好了，经过几分钟短短的聊天我们都互相认识了，你跟朋友聊天是不是这样的，坐得端端正正？不用，今天我们就像朋友一样，敞开自己的心扉，好不好？

生 4：好！

【案例二】

师：同学们，咱们以前上课是不是老师说“大家好”，然后同学们说“老师好”呀？

生：是的。

师：咱们今天换一种问候方式，好吗？

生：好。

师：同学们真精神！

生：老师真精神！

师：如果换个字，能让我听了更加高兴！

生：老师更精神！

师：同学们真可爱！

生：老师更可爱！（笑）

师：怎么了，觉得这句话怎么样？

生：不太恰当。

师：是呀，那应该怎么说？

生：老师更可亲，老师更风趣，老师更可敬，老师真和蔼……

师：初次见面请同学们多多关照！

生：初次见面请老师多多关照！

师：是关照吗？还有没有其他词？

生：指教。

师：哎，这就更恰当了。初次见面请同学们多多关照！

生：初次见面请老师多多指教！

师：同学们，这就叫口语交际。下面我们开始上课。

正因为案例一的教师给学生的感觉如此亲切，学生才能大胆交流，才会很快地喜欢上他的教学活动安排。沟通是双向的、发自内心的，只有教师真心、平等地与学生沟通，学生才能无拘无束地参与到学习活动中，这时的学习才能成为学生的一种需要。

案例二的教师通过师生问候这一独特的方式，让学生在富有情趣的语言实践中，懂得要根据不同人物使用不同的问候语，从而使学生的语感不断强化，而且使课堂活跃了起来，笑声不断，其乐融融，可谓是省时又高效。

如果教师在课前谈话中，构建平等交流的氛围，使用不拘一格的谈话的方式，那么教师的一问一答、一言一行，往往能最大限度地吸引学生的注意力，并且激发学生学习的热情。因此，课前谈话作为课堂教学的起始环节，直接影响到一堂课的教学质量。在这一过程中，教师要注意角色的转变，使师生间真正做到平等的精神交流，这样才能让预设和生成达成完美的统一。因此，教学中我们应努力构建民主平等的氛围，使学生在一个自由的空间里生活、学习。一些有经验的优秀教师在上课前都会精心设计一些课前谈话，以拉近师生之间的距离，营造良好的学习氛围，使学生在课堂内敢学、敢说、敢做、敢问。

著名教育家陶行知先生认为，民主的教师必须具有“虚心、宽容、与学生共甘苦”的特点。教师一方面要放下架子，积极组织和指导学生学习，用平易近人的态度、亲切的话语去感染学生，充分调动学生的主体精神，在课堂内允许学生发表自己的见解。在这一过程中，即使学生见解不完整、不准确，教师也要进行鼓励，因为在这样的气氛中，学生的思路最活跃，最能发展他们的创新思维。另一方面，教师要与学生共甘苦，虚心跟学生学，否则“你便不知道他的能力，不知道他的需要，那么，你就是有天大的本事也不能教好他”。

总之，民主、平等的课堂就像是缕缕阳光，是润物细无声的春雨，它会拉近心与心的距离，制造出和谐的师生关系。

第八节　活跃气氛须谨慎

有时候，在课堂上，教师为了活跃气氛，给学生“提神”，往往会开一些玩笑或讲几句笑语，这都无可厚非，但教师使用这一方法的前提是不能以刺伤学生的自尊为代价。

【案例】

夏日炎炎，下午的第一节课开始了，可同学们还未从午睡的状态中“苏醒”过来，个个萎靡不振。这可怎么办？还用唱歌这种老办法吗？可能行不通。我灵机一动，问道：“小超，如果你家有小偷来盗窃，你拨打什么来报警？”小超是我们班的活跃分子，平时能说会道，可那天还是在同桌的提醒下，才慢吞吞地站起来，而且一声不吭。我本想用一个简单的问题吸引大家的注意力，就随便叫了一个人，没想到他答不上来。我笑了，紧接着全班同学哄堂大笑，个个变得劲头十足。只见小超红着脸低着头，我又问全班同学：“你们知道吗？告诉他。”全班同学异口同声地说：“110。”我瞪了一眼小超，他胆怯地说：“我刚才说的就是‘110’，只是你们全在笑，没听见。”我没说什么，示意他坐下。

从此以后，小超像变了一个人似的，不主动开口说话，不与同学玩耍，见到我就有一种莫名的畏惧感。这时，我才意识到自己错了，我怎么能为了给全班同学提神，而刺伤一个学生的自尊心呢？这岂不是顾此失彼，得不偿失？我陷入了沉思……

案例中的教师仅仅为了给学生“提神”就妨碍了另一个学生的成长。这样做，僵化了师生关系，严重刺伤了学生的自尊心。反思我们的课堂教学，是不是也经常在不经意间犯下顾此失彼、得不偿失的错误呢？

自尊心是人的自我意识的一种表现，以特定的方式指导着人们的行动，它能催人上进，使人奋发，有助于克服各种困难和自身的弱点，在人们的行动中常常起着积极的作用。孩子也有自尊心，它像稚嫩的小苗，一旦受到伤害，会使孩子精神压抑，离情寡欢，留下难以愈合的伤口，甚至会影响他的一生。其实，后进生中的不少孩子争强好胜，有上进心，并且希望得到教师的肯定，但难免出现错误。教师在课堂教学中不应拿学习差的学生开玩笑，而活跃课堂气氛也不能以刺伤学生的自尊为代价。教师不要在课堂上过多地责备后进生，更不要讽刺、挖苦他们，而应该抓住其微小进步，激发他们的积极性，使他们克服不足，在自豪中建立自尊。

第三章

充分发挥教师的主导作用

第一节 围绕教学目标设计教学活动

一、知识性目标

下面针对陈述性知识的记忆和巩固来谈谈教学活动的设计。

（一）记忆知识活动设计

对相当一部分学生来说，知识的记忆有一定的难度。针对这方面的问题，教师可以引导学生采用一些行之有效的方法来帮助学生记住知识。

1. 歌诀记忆法

歌诀记忆法就是把学习的内容编成口诀来帮助记忆的一种方法。利用音韵，把需要记忆的知识编成口诀，融知识性与趣味性于一体，读起来朗朗上口，利记易诵。

（1）运用口诀记忆形近字、易错字

例如，用“横戌（xū）点戍（shù）戊（wù）中空，十字交叉读作戎（róng）”的口诀来记住“戌、戍、戊、戎”四个形近字的读音；用“王姬去颐和园，人群熙熙攘攘”来记住“姬、颐、熙”这三个偏旁特殊的字。

（2）运用口诀记忆语法知识

在教学实践中，可以用“名动形、数量代、连助拟声叹副介”的简单口诀来记住六类实词和六类虚词；可以用“副词放在动形前，介词落在名代前”的口诀来记住副词与介词的区别；可以用“叹词在句首，语助在句尾”的口诀来记住叹词与语气助词的区别；可以用“定语必在主宾前，谓前状语谓后补，‘的’前定，‘地’前状，‘得’字后边是补语”的口诀来记住单句句子成分的划分方法。利用这样的简单口诀，学生就能较好地掌握句子的语法知识了。

需要注意的是，运用此法，应注意以下三点：

（1）编口诀的内容，一般应是重要的、有规律性的或能明确理成条文型的；

（2）在编拟时，应先认真领会全部待编的内容，尽量把它们的要点概括出来，使之条理化；

（3）口诀的语句，要力求简洁、通俗、形象，并注意音韵、节奏，尽量做到易诵、易记、朗朗上口。

2. 谐音记忆法

谐音记忆法就是利用汉语中的谐音现象，将无意义材料通过联想转化为有意义材料，把需要记忆的知识内容，跟自己日常生活中的谐音结合起来的一种记忆方法，中国古代传说中的熟记圆周率所用的方法就是此法。3.1415926535897932384626 可用谐音“山巅一寺一壶酒而乐，苦煞吾、把酒吃、酒杀尔、杀不死、乐尔乐”这样记忆，小数点后二十二位的圆周率很快就会背得滚瓜烂熟。

谐音记忆一般都是有趣的记忆方法，学生感兴趣，教师往往讲一遍学生就能记住。不过教师在设计教学活动的时候一定要注意编写谐音的语句意义要积极健康向上，如果把生活中很低俗的东西编进去，便不利于学生的健康成长。

3. 浓缩记忆法

浓缩记忆法是针对某一类知识或规律在深刻理解的基础上，选取有代表性的字和词简略成为提纲进行记忆。我们把元代四大散曲作家关汉卿、郑光祖、白朴、马致远记为“关郑白马”，把苏洵、苏轼、苏辙叫作“三苏”，就是典型的浓缩记忆。

浓缩记忆法无论是在文科的记忆还是在理科的记忆中都非常实用。教师一定要注意提炼概括，让学生在理解的基础上进行记忆。

4．联想记忆法

这是按内容的内在联系，利用奇特联想将原来毫无联系的材料联系在一起进行分类和联结记忆的一种记忆方法。用这种方法来记忆作家、作品方面的文学常识，往往可以收到很好的效果。如记忆外国小说及作者：有一天，莫泊桑拾到一串《项链》，巴尔扎克认为是《守财奴》的，都德说是自己在突出《柏林之围》时丢失的，果戈理说是《泼留希金》的，契诃夫则认定是《装在套子里的人》的。最后，大家去请高尔基裁决，高尔基判定说，你们说的这些失主都是男的，而男人是不用这东西的，所以，真正的失主是《母亲》。这样一编排，就把课本中的大部分外国小说名及其作者联结在一起了，复习时就如同欣赏一组轻快流畅的世界名曲联奏一样，于轻松愉悦中不知不觉就记住了。

总而言之，记忆的方法很多，还有诸如——感官协同、学会遗忘、勤于动笔、化繁为简、特征记忆、仔细观察、寻找规律、争议有益、图示记忆及借曲填词记忆等许多方法。根据记忆对象的特点不同，记忆要求不同，记忆的方法也不同。教师在设计各种记忆方法时要结合学生特点及记忆要求，因人因事因时因地而异。

（二）巩固知识活动设计

知识的巩固固然不能缺少练习，但是反复大量的题海战术肯定会让学生感到枯燥无味，这就要求练习活动要有多种形式。教师精心设计形式多样的练习（如一题多变、一题多解的训练），既能了解学生对学习内容的掌握，又能让学生对新知识进行巩固。不同的学生，经常会在作业中出现不同的错误，教师可以在平时建立一个个性化的题库，记录哪些题目会使哪些学生容易发生错误，收集那些在该年级水平和内容领域中频繁需要的基本题目，作为巩固知识的必要练习设计。教师在练习活动中还要进行必要的点拨、分析、比较，将反响好的解题思路整理出来，以便启发绝大多数学生的思维。

此外，古人说“眼过十遍不如手写一遍”，从记忆学上讲，动用单一器官进行记忆不如动用多种器官记忆效果好。通过竞赛形式来进行复习，既调动了学生的积极性，又让学生对所学过的知识进行了很好的巩固。合理的竞赛活动，可以激发学生的学习兴趣，培养学生的竞争意识。竞赛内容的设定既要符合学科特点和学生实际，又要注意学生知识体系的复习巩固。

二、技能性目标

一般来说，技能分为两类：运动技能和智力技能。运动技能又叫作动作技能，是指借助于对骨骼肌肉系统的协调而实现的外部活动方式；智力技能也叫认知技能，是指借助于内部语言在头脑中进行的认知活动中的心智操作方式。在教学中提到的技能目标一般指智力技能目标。

（一）智力技能的基本特点

智力技能是借助于内部语言在人脑内部进行的认识方式，是以思维为核心的认识加工的具体方式。智力技能具有以下三个基本特点：

1．潜在性

就智力活动的进行来说，它是在头脑中借助内部语言默默地完成的，对事物进行的思维活动，不像作用于客观实物的外部动作那样，可以看得到对实物进行加工改造的动作过程。思维活动是在头脑中进行的，是从外部觉察不到的，因而是潜在性的。

2．简略性

智力活动不像实践活动那样，每个操作都要实际进行动作，不能省略和缩简。智力活动脱离了摆弄实物的束缚，可以以高度缩简的方式进行，甚至可以使他人觉察不到其活动的过程。如在口算、阅读、构思、心算、解题时，智力活动可以高度简缩这些思维的过程，比实际操作有时要快得多。

3．观念性

智力活动的实际动作对象不是客观事物本身，而是客观事物在人脑中的映象以及与映象相联系的词句或逻辑思维。智力活动是靠内部语言及词句或逻辑思维的作用进行的，是以词句或逻辑思维的形式在“心里”完成的动作，所以它是观念性的。

（二）培养智力技能的有效措施

学生的智力技能主要是在教学活动中通过训练形成的。教师在教学中对学生智力技能的培养，应考虑智力技能形成的阶段，采取多种教学措施有意识地进行。

1．提升学生的认知技能

若学生在解答课题时，能识别课题属于哪一种类型，就能运用相应的技能进行解答。如解题时首先识别是算术题还是代数题，是平面几何问题还是立体几何问题；写作文时，知道是写记叙文还是议论文。课题的性质不同，解题的技能也就不同。因此要提升学生的认知技能，使他们能正确辨析题目。

2．打破定式经验的影响

凭借已有的经验去把握课题的本质或关系，一般能够更快地了解当前的课题，产生正迁移的效果。但是由于经验具有思维定式的作用，它常常会妨碍人们去揭示课题的本质或关系。例如，一个课题要求“通过四个点作三条直线，不让铅笔离开纸，并能使铅笔回到原出发点”。被测试者由于定式的作用，认为所画的三条直线不能超过四点的范围，而实际上这个条件是被测试者根据自己的经验加进去的。如果打破这个定式经验，问题也就迎刃而解了。

3．分步练习

学生要习得智力技能，那就要经过练习。这一练习的过程要经历出声的外部语言阶段、不出声的外部语言阶段、内部语言活动阶段这三个阶段。在教学中，教师应给学生提供这种展开形式的分步练习的条件，使学生在练习中能按模式将智力活动的程序展现出来，并从展开的形式逐渐概括化，由外部到内部，形成熟练的、自动化的活动，从而促使学生形成智力技能。

4．从部分到整体指导学生智力技能的培养

学生的智力技能要达到熟练和灵活掌握的水平，还要经常进行相应的解题练习，学会从部分到整体的解题方法。比如，数学中的解题技能，可分解为审题、解析、列式、运算、验算等步骤；写作技能可分解为审题、立意、布局、谋篇等步骤。这种复杂的智力技能，宜采取从部分到整体的培养方法。

（三）为学生设计可行的技能训练活动

教师可以围绕教学目标组织一些什么样的活动来对学生进行技能训练呢？其实，教学目标要求学生掌握的技能较多，在这里主要针对文科教学中听、说、读、写能力的训练和理科教学中的实验操作训练及运算推理能力训练进行简要的列举和阐述。

1．听、说、读、写的训练活动

听的训练——

听的训练从以下几方面入手：

（1）明确意义

教师要教育学生，明确听力训练的意义，唤起他们对语文听力训练的重视。

（2）精选材料

选取生动有趣的听力材料，尽量贴近学生生活，如科普短文、小小说、民间故事、学生习作等。

（3）变换形式

采用多种形式训练，可以有填空、选择、判断、简答，以提高听记、听写、听辨能力；有抢答、复述、评论，以提高听析、听赏、听评能力，等等。

（4）循序渐进

第一层次：教师选材出题，侧重于培养听记、听写、听辨能力；第二层次：调换材料与问题的给出顺序，递增题目数量，加大难度；第三层次：由学生自己选材料，出问题。

说的训练——

“说”的训练要从最基本的做起。可坚持在课前五分钟，让学生讲故事，如发生在身边的新鲜事情、成语故事，朗读自己写的优秀作文，来训练“说”的能力。此外，教师可以经常向学生推荐一些文学名著来扩大学生的阅读量。这些都是很好的训练学生口头表达能力的方法，关键是要长期坚持下去，才会收到好的效果。

读的训练——

俗话说，“腹有诗书气自华”。学生只有读的书多了，脑子里装的东西才会多，见识就会广，也才能写出优秀的文章来。

在读的训练中，教师要重视读课本。课本是无数专家学者精心研究、挑选、优化、论证的精华。所以教师一定要引导学生认真读课本，这是首要的事情。此外还要重视课外阅读，仅仅停留在对课本的阅读是远远不够的。可以要求学生坚持看报纸，看优秀作文，看经典的文学作品，对名著中的精彩段落要能够背诵下来。

让他们在阅读中积累，在阅读中提高。

写作训练——

由于繁多的考试、沉重的压力，几乎所有学生都不愿写作，甚至讨厌写作。但是不管怎么说，作文离不开写，教师在作文训练中设计有趣味的训练活动，学生会更乐于接受，乐于配合。

2．实验操作

教师要进行实验教学技能训练，应从理论和实践两方面考虑，从实验原理、实验操作入手，可一个一个地研究，一个周期一个周期地练习。训练要求是掌握实验理论，熟练实验，从实际出发开展实验教学。

物理学是一门以实验为基础的学科，所有的物理内容都必须建立在实验的基础上，因此培养学生良好的实验技能，对学生今后从事科学研究有着重要的作用。学生实验技能的训练主要包括仪器的了解和使用；实验方法的掌握；数据的收集、运算和分析；误差的判断和分析；实验报告的书写；良好实验习惯的养成等。

3．推理运算

正确地运用运算法则进行数的运算和正确运用数学概念和公式进行变形的技能，叫作运算技能。如有理数运算、整式加减乘除、因式分解、分式、根式四则运算、解方程、解不等式的技能等。根据已知条件，按照一定的程序和步骤，进行简单的逻辑推理的技能，叫作推理技能，像全等三角形、相似三角形、四边形和圆的知识中比较简单的推理（包括常见辅助线的作法）都属于推理技能的运用。

其实，推理运算的技能是一种高层次的智力操作技能，运用一题多解的方式去解决计算问题是一种很好的技能训练过程。重视一题多解要求学生在遇到运算问题的时候，要认真分析可能出现的各种情况，运用基本概念、基本理论进行思维判断，加以科学论证，寻求符合题意的全部正确解法。一题多解的方法迫使学生开动脑筋，拓宽思路，多方思考，充分掌握知识的结构以及各种解法的内在联系。这不仅有助于提高计算技能，还会促进思维的广阔性和创造性的发展。

第二节　注意教学进程的有序性

一、课堂启动激发学习兴趣

如果教师在开始教某一门课之前，仔细观察学生就可以看到，不同的学生对同一门学科的态度或情感是各不相同的。有些学生拥有极大的学习兴趣，对课堂充满期待；也有的学生把它看作一种义务，机械性地学习，热情不高；还有的学生把学习当成一种负担，消极对待学习，一副漠不关心、心不在焉的样子。后两种学生在课堂上，对教师的循循善诱、苦口婆心，有的会表现出无动于衷，仿佛一个事不关己的旁观者，其行动没有相应的动机与需要。而动机与需要一般是学习知识、接受教育的前期状况。所以，要想真正开启学生学习知识与接受教育的状态，教师首先要做的是唤醒与激发，让学生迅速进入学习状态。德国教育家第斯多惠指出："教学的艺术不在于传授本领，而在于激励、唤醒、鼓舞。"上课伊始，学生的学习心理准备难免不充分，师生之间难免有一定的心理距离。这时，教师就一定要注意教学启动艺术，来激励、唤醒、鼓舞学生。

（一）区分启动与导入

教学的启动环节是针对引发学生学习的动机和兴趣，激发学生的好奇心和探索欲望而进行的教学准备环节。教学启动环节主要是教师利用问题、演示、实验、视像画面、语言描述等手段来创设情境，营造一个“学生－教师”和“学生－学生”在互动中相互尊重的课堂环境，再辅以目标引领、成功激励等方式，诱发学生的学习欲望与冲动，使他们形成极大的学习积极性和主动性。

然而，有不少教师常常认为教学的启动与导入是一回事。其实，这二者既有密切联系又有着明显的区别。知识是无法由主体甲“给予”主体乙的，只能由学习者主动、积极、能动地调动自己已有的经验储备，通过新、旧经验的相互作用（同化和顺应），来形成、丰富和调整自己的认知结构，从而重组、转换或者改造自己的经验系统。这里提示了学习实现的两个条件：一是学习的内在需要、动机或兴趣被唤醒、激发；二是旧有的经验储备被激活。针对前者我们要做的就是“启动”，针对后者我们要做的就是“导入”。可以说启动是一种情感准备，而导入是一种认知准备。

（二）启动环节应该重视的方面

1．营造期待的心理氛围

教学启动环节，教师要注意营造学生期待的氛围，这种氛围可通过教师自身的精神面貌、教态、语言等给学生直观的展现。除此之外，通过设计恰当的教学环境给学生的视觉、听觉等感官造成适度的刺激，也可以营造出一种良好的学习氛围。这些良好的课堂学习氛围，将影响学生学习的动机、需要、情感等因素，使学生期待课堂。

2．教师的积极教态影响

上课伊始，教师一走进教室，就应牢牢地抓住学生的注意力。首先要注意自身的形象，如果一个教师精神萎靡不振、行动拖沓，那他肯定不能激起学生学习的热情；相反，教师精神饱满、充满喜悦地走进教室，必然给学生心理上的冲击。其次，教师的神态要自然亲切，一个神情严肃、不苟言笑的教师与眼神慈祥、亲切的教师相比，后者更能激起学生对学习的期待。教师应调整好自己的心态、形象，从内心热爱课堂、学生，给予学生精神饱满、注意力集中的暗示。这样，必然会激起学生对教师、对课堂的热爱，从而让学生对课堂充满期待。

3．采用积极语言

苏霍姆林斯基说过："教师的语言修养在很大程度上决定着学生在课堂上的脑力劳动的效率。"如果一个教师语句规范流畅、抑扬顿挫、幽默机智、富有激情，那他必然会赢得学生的喜欢，对课堂教学产生积极的作用；而一个语言啰唆，表达含糊不清、无幽默感的教师，显然难以受到学生的欢迎，也容易让学生厌倦课堂。另外，按马斯洛的需求理论，教师应尽可能地对学生做出公正的、始终如一的反应，让学生感到老师对他的爱与尊重，这样，学生才能积极地投入到课堂中来。

4．适度的教学环境刺激

各种能引起学生兴趣的教学媒体和演示操作；新颖、独特、对比强烈的刺激物，如课堂教学中出现学生未见过的教具、别开生面的教学活动等，都能吸引学生的注意，刺激他们的心理，让他们对课堂的内容产生一种积极的期待心理。

5．激发学生学习的内在需要

在实际的教学工作中，我们有时会发现：有些学生对某门课程特别感兴趣，不需要任何引导、激励和奖励，也学得比其他课程更投入，对这些学生来说，这门课本身具有足够的内在诱因价值，能驱动他们去学习。但是，大部分学生对学校里大多数的教学内容，可能一时并不感到有趣或实用，反而觉得枯燥、厌烦，令他们缺乏内在的学习需要。因此，激发学生的学习动机，调动学生的学习积极性，还应从激发学生学习的内在需要出发。

费斯汀格的认知理论认为：一个学习者用过去的旧知识、旧经验不能解决当前的问题，或不能对当前的问题做出恰当的反应，就会产生无力感、矛盾感或不平衡感。要平衡就得学习，就得通过学习找到方法、途径达到认知平衡，这就让学生产生自主建构新知识的内在需要。因此，教师可以创设情境，让学生认知失调，唤起他们的好奇心、求知欲，从而激起他们对学习的兴趣和内在需要。

6. 用学习目标驱动学生学习

学习目标是学生对学习结果的预期，具有很强的引导、号召和激励作用。运用这一目标调动学生的学习积极性，就是要让学生明确学习的目的，然后在一个个小的“成功”的鼓舞下，在学习结果的“诱惑”下，始终让他保持适当的学习期待和激情。

利用目标激励的方法对于学习目的明确，学习态度端正的学生或高年级的学生及对学习的意义认识已经比较到位的学生来说，比较容易达到目的。对于这类学生，教师要做的是将此课（章节或阶段）的目标清楚呈现，让他们了解、领会，加上教师巧妙地“煽动”“鼓舞”，就容易使学生产生极大的学习内驱力。

除此之外，教师如果把目标或任务融合于设计精巧的教学情境中，那么它的引导、召唤、激励作用会更大。

7. 激发学生的参与热情

人本主义心理学家罗杰斯认为：当学生主动地参与学习过程时，就会促进学习。具体地说，当学生自己选择学习方向、发现自己的学习资源，阐述自己的问题，决定自己的行动路线，自己承担选择的后果时，就能在最大限度上促进学习。

在教学启动环节，教师应通过活动、游戏等形式调动学生的参与热情，使其自觉“卷入”课堂的教学活动。学生参与主要包括三个基本方面：行为投入、认知投入、情感投入。行为投入是指学生在课堂中的行为表现；认知投入是指学生在学习过程中的思维水平与层次（这些层次是通过学习方法表现出来的）；情感投入是指学生在教学过程中的情感体验。

8. 提高学生的自信心

苏联教育家苏霍姆林斯基说：“成功的欢乐是一种巨大的情绪力量，它可以促进儿童好好学习的愿望。请注意无论如何不要使这种内在的力量消失。缺少这种力量，教育上的任何措施都是无济于事的。”无数的理论研究实践证明，如果学生在学校情境中获得的成功体验越多，强度越大，那他的学习自信心就越足。传统的观念认为：“失败是成功之母。”而现代成功教育研究则坚定不移地认为，成功是成功之父。

凯勒的动机设计模式把学习动机分为四个部分：引起注意力、应用相关性、增强自信心和提高满意度。其中的增强自信心就是需要先让学生取得成功。当然，要事先向学生提出某种程度的挑战，使他们取得的是颇有意义的成功。当学生感到达到目标的可能性甚小的时候，他们通常会放弃追求，因此，对成功是否抱有期待是激励学生的关键。教师要根据学生的自信心水平和学习目标的类型适当调整挑战的难度，特别是开始学习新知识新技能时，学生往往有怕出错、怕丢面子的心理。一旦学生掌握了新知识新技能，那么，必要的挑战性对促进完美的学习成果来说是可取的。按凯勒的观点，建立自信心的途径有三条：

（1）期待成功

让学生明确掌握成功的要求和标准。

（2）挑战性情境

提供多样化的成就水准使得学生建立个人的达标标准并有表现机会，保证每个人都有成功的体验。

（3）归因引导

向学生提供支持作为成功标志的有关能力和努力方面情况的反馈信息，引导学生正确归因。

从以上理论可知，成功激励应当运用到教学过程的各个环节中。在教学的启动阶段，这种方法可通过教学谈话和情境创设的方式，激发学生的学习动机，增强学生的自信心，推动学生主动、积极地参与到学习中来。

二、课堂导入衔接新旧知识

“导入”是课堂教学的引子，它是教师精心设计的一个教学环节。优秀教师的课堂导入，不仅能明确提出本课的教学内容和要求，说明所学知识的重要性，使新旧知识自然过，还能使学生对新知识产生浓厚的兴趣，并怀着一种迫切的心情渴望接触新知识。

（一）导入的作用

1. 传达引起关注的教学意图

导入的主要功能，是在一堂课的起始阶段，运用新颖的刺激和引人入胜的活动，引导学生把注意指向新的学习课题，使心理活动集中于所要掌握的内容，保证学习的效率。教师以学生可以理解的方式传达教学的意图，包括建立学习目标，明确认识活动的方向，了解学习的方式，建立教学内容的架构等，有利于学生正确地分配心理能量，主动调节与控制认识活动。

2. 做好联系新旧知识的准备

课堂导入的重点在于使新旧知识之间自然顺利地衔接。任何新知识、新经验的学习都离不开与学生已有的相关的知识、经验发生关联作用。因此，课堂导入起着承前启后、温故知新的作用，体现知识的连贯性。在课堂教学中，导入将点燃学生的求知欲，变“要我学”为“我要学”，力求能够以旧带新，以易带难，以熟带生，使学生融会贯通、逐步提高，使课堂教学具有新鲜感、启发性和衔接性。

（二）导入环节的基本措施

1. 以复习铺垫激活原有知识经验

现代认知心理学认为，学习者已经知道的东西和已有的经验，是影响学习的重要因素之一。美国心理学家奥苏伯尔提出的有意义的接受学习理论，把学生认知结构中能与某个教材建立联系的有关观念是否可利用，作为影响学生学习的重要变量。因此，在导入环节中，安排一定的活动对旧知识进行复习，激活学生原有的知识经验，以使新知识的植入有一个清晰稳定的“着力点”，是十分有必要的。

2. 以“先行组织者”架设知识桥梁

美国心理学家奥苏伯尔在20世纪60年代初提出了一个“先行组织者”的概念。在新材料学习之前，教师先向学习者呈现某种能够引起注意的引导性材料，然后用这种材料做支架或支撑点，去同化新知识，使新知识获得新的意义。教师提供的这种有引导性作用的材料就叫“先行组织者”。“先行组织者”的主要作用是在学生学习新内容之前，在他们“已经知道的”知识与“需要知道的”知识之间架设桥梁。

奥苏伯尔还区分了两类组织者：“说明性组织者”和“比较性组织者”，为我们的教学打开了思路。

（1）说明性组织者

说明性组织者是指一类概括性和包容性都大于所需的新知识

的先行组织者，这是一种自上而下的教学组织技术，是一个从上到下逐步分化的过程，从一般到个别，如通过 $a+b=b+a$ 这个原理，推论出 $1+2=2+1$，$3+4=4+3$。

（2）比较性组织者

比较性组织者是指既可用于新观念与已有认知结构中，基本类似概念的整合，又可运用于本质不同而貌似相同的新旧概念的一类先行组织者，它是一个横向的桥梁。在学习中，学生对学习内容完全陌生的情况是少见的，学生对新学内容往往既熟悉又陌生，容易把新旧知识混淆。比较性组织者可以起到提高新旧知识辨识度的作用，从而保证学生获得精确的知识，如新旧概念、解题方法与模式、近似的词语与课文的异同点的对比等。

3．以尝试教学引导学生体验

简单地说，尝试教学模式不是教师直接讲解新知识，而是让学生在旧知识的基础上先来尝试练习，在尝试的过程中教师指导学生自学课本，引导学生讨论，在学生尝试练习的基础上再进行讲解，以促使学生全面发展的教学模式。

（三）导入的两种类型

在课堂教学中，导入的方法多种多样，关键是教师应根据教学的任务、内容和学生的认知心理、年龄特征等精心设计，灵活运用。导入一般分为联系型和定向型两种类型。

1．联系型

这是一类由已知向未知的导入方法，主要着眼于新旧知识的联系，通过重现相关知识，为学习新知识提供支点。在这一类型中，教师在导入时给出的刺激，不仅能够减缓新知识学习的坡度，而且能激活认知结构中的相关信息，为学习做好心理方面和知识方面的准备。

（1）铺垫式

即通过复习旧知识或对原有知识进行延伸与扩展，给新知识“搭桥”“引路”。我们在教学中最常用的“复习旧课、引入新课”，大都属于这种方式。好的导入要求“联系紧密、水乳交融”。

（2）演练式

学生动手演练操作或尝试探索，教师在点拨与总结中导入新课。如：教学《光的折射》时，教师布置了三个小实验：①筷子插在盛水的盆里，看筷子有什么现象？②碗底放硬币，注水后硬币发生了什么变化？③透过厚玻璃看字，与没有玻璃有何不同？然后可以从具体现象的分析，引入新课。

（3）诱入式

即让学生懂得新知识学习的重要性和必要性。教师可以通过比较、说理以及生活或生产中的实例，引发学生学习的动机。

（4）观察式

教师在讲台上直观演示，学生观察教师的演示，或教师启发引导学生观察自然和社会环境中的事物，搜集材料，教师再借以导入新知识。

教师从熟悉的情境出发，联系学生的生活实际和已有经验，通过课件演示让学生观察与想象，在轻松愉悦的情境中自然导入新课。

（5）实证式

指教师在导入时，创造一种“乐学”和“参与”的教学环境，给学生提供亲身体验的机会，让他们在生动活泼的试验、操作和各种活动中，获得深刻的印象和直接经验，以激起他们探究的热情，激发他们寻求现象与事实背后的规律的欲望。

2．定向型

教师选用定向型导入一般是为了让学生明确学习活动的方向，从而使他们的知觉和注意具有自觉的选择性，记忆的意向明晰，思维指向关键性的问题。这种类型有直入式、目标式、概要式三种具体表现形式。

直入式是开门见山，和盘托出，言简意赅地直接点明要旨，突出中心，让学生学习起来心中有数。如教师说："同学们，今天我们来学习第九课 ai、ei、ui。"并板书："ai、ei、ui"。

目标式就是直接地宣布或者委婉地说明本课学习要求达到的目标，而且说明得越具体越好。有位数学教师在讲"最大公约数和最小公倍数"时，是这样导入的："同学们，我们已经学过了最大公约数和最小公倍数，在日常生活和生产中，特别是在进行科学研究时，这两个概念能帮助我们解决一些实际的问题。今天这节课我们一起来学习用'最大公约数和最小公倍数'解决实际问题，比一比，看谁的方法既对又快。"然后板书写出"最大公约数和最小公倍数"。

概要式导入即教师通过概述本课的要旨、范围或内容特点导入新课。有时，这种概要式开头也可以同其他方式结合使用，使之更富有情感，更有激发作用。

三、展开环节的重要性

"展开"环节是课堂教学中最重要的环节，是知识传授和能力培养的一个重要平台。学生能否对新学内容有实质性的理解并初步掌握，课堂教学是否能完成教学目标，在很大程度上取决于展开环节是否合理有效。也就是说，这一环节实施得如何，将在很大程度上决定课堂教学的成败。

1. 教材内容的呈现

叶圣陶说："教材无非是例子，凭着这个例子，要使学生能举一反三。"变"内容"为"例子"，学校应该教什么？有识之士认为，最重要的两个科目是"学习怎样学习和学习怎样思考"，因为"世界以比我们学校教学快四倍的速度变化着"。可见，如何把握教学的本质，教材十分重要。因为教材是学生自主学习的材料，而不是教师传授的"内容"，教师不能把教材内容与教学内容画等号。深刻理解教材的"例子"功能，正确对待教材，呈现教材内容是优化学习过程、引导学生自主学习的基本保证，也是教学展开过程最基本的任务。

（1）教材内容呈现的含义

所谓"教材内容的呈现"，指的是课程内容展示在学生面前的方式，这既指教材呈现课程内容的方式，也指教师在教学情境下怎样创造性地使用教材，组织教材，并以有利于学生学习的方式呈现课程内容。教师应根据教学目标，结合学生特点与自身理解，创造性地组织、使用教材，并以最适合学生掌握的方式呈现。

（2）教材内容呈现的策略

①心理同化，还原教材内容

全国基本统用的部编版教材内容贴近学生的生活，能更好地激发学生的学习热情和认知欲望，对学生的情感、态度、价值观等的养成起到潜移默化的作用，但由于学生的认知水平、生活环境和人生经验的限制，教材内容也不可能直接反映学生的生活。因此，教师首先要对教材内容进行"心理同化"，找到自己与教材内容之间知识、情感的联系点，挖掘个人真切的理解、感悟和情感体验，然后根据学生的情况找准教材内容与学生经验相融会的点，搭起教材内容与学生生活、情感、知识的桥梁。这样，才能恰当地呈现教材内容。

②问题设置，组织教材内容

教师应该通过设计真实、复杂、具有挑战性、开放性的问题情境，把教材内容变成问题的“链接”，引导学生参与思考、探究，让学生通过一系列的问题来进行学习。

【案例】

一位教师在教学《智取生辰纲》时，逐步设置了这样几个问题，呈现教材内容：

是谁“智取”的？

怎样“智取”的？

“智”体现在哪些方面？

明明是晁盖一伙人“智取”，却为何处处写“杨志”？

③联系生活，活化教材内容

从某种角度来说，教材所呈现的知识是“死”的，只有通过学生的“活动”，通过学生的“操作”，它才能内化于学生的经验系统中，才能成为“活生生”的知识。因此要让学生在“做中学”“用中学”“生活中学”，使教材内容在学生的“活动”中呈现。

④整体把握，理清教材内容

每个知识点都不是独立存在的，它们都处于一个庞大的知识体系中，是一个知识网上的某个点。因此，教师在处理这些知识时，不能就某点讲某点，不能“只见树木不见森林”，而应“瞻前顾后”“左顾右盼”，善于“纵向”“横向”联系，让学生从整体把握知识，这样教学内容才能与前后的知识融会贯通，形成一个知识整体。

2．必要资源和例证的提供

（1）必要资源

受年龄和知识面所限，学生对有些知识知道得很少，这时教师应该提供必要的资源。如：在讲照相机原理时，由于现在学生接触的大多是自带摄像头的手机或数码相机等，让学生提问有困难。这时，教师可给学生补充“光圈”“调焦环”“景深”“滤光镜”“变焦镜头”等知识，再让学生提问。这样一来，学生就可能提出很多问题，如“光圈”“调焦环”分别起什么作用，应怎样控制曝光量等。

（2）正反例证

例证能将熟悉的经验与新的知识、概念联系起来。举例的数量并不重要，重要的是所举的例子与新概念之间具有的实质性的逻辑联系，并且教师要对此联系做透彻分析。

为了使学生习得概念，教师应该并排呈现正面的和反面的例子。如把苹果树的叶子与梨树的叶子放在一起给学生看，比先给学生看苹果的叶子再看梨树的叶子，更有助于学生对这两种果树叶做出区分。

提供例证需从正反两方面考虑，还要考虑变化正面例证的形式，使其本质特征凸显，非本质特征弱化，这样有助于排除无关特征，突出其主要特征。

3．有效达成教学的核心任务

每一堂课都负载着一定的教学任务，如对某个重要知识的理解掌握，学习能力的获得，情感、态度、价值观的有效形成等。当然，能力的形成不是一节课、一天能完成的，而是一个长期的过程，应遵循“由此及彼，由表及里，去粗取精，去伪存真”的规律，而不能停留于表面的记诵或机械重复的操作。学生情感、态度、价值观的形成不能依靠说教，教师应该利用课程资源去熏陶学生，让他们在潜移默化中习得正确的情感、态度、价值观。

4. 学生的练习与错误校正

（1）作业练习

练习是教学展开过程的一个重要环节，学生对知识和技能的掌握不是一蹴而就的，需要通过练习才能达到熟练的程度。因此在教学展开过程中，教师要引导学生动口、动手、动脑，在“做”中学，在“练”中学，在“用”中学。

苏联心理学家维果茨基认为：“学生们是通过与教师和同伴的共同活动，通过观察、模仿、体验，在互动中学习，在活动中学习。学习的效率与成果如何，取决于在互动与生活中能否充分运用自己的能动器官。所以，一堂好课不在于它有条不紊，不在于它流畅通达，而在于它真正地让孩子们练习和游戏。”也就是说，在课程的展开过程中，学生是否真正习得知识，需要通过作业和练习来检测。如果不检测、不练习，学生容易遗忘所学的内容。因此，为促进学生巩固知识，掌握技能，发展能力，应安排各种练习。苏联教育家巴班斯基谈到教学最优化和减轻学生负担时，告诫人们“不要取消作业”，而是要“从一道练习作业中取得最大可能的效果”。

【案例】

历史课教学中，学完明朝的历史后，教师出示了这样一道作业题：“明末天启年间，广东学子苏望三从广州出发，沿内河赴京赶考。请问沿途经历哪些地方？会了解到明末社会的哪些情况？会碰到哪些奇闻趣事？请展开合理想象，写成几个小故事（要求：故事要真实、典型地反映明末社会各方面的有关状况）。”

这道题设计经典，形式灵活、开放，既紧扣了教学内容，又富有趣味性，让学生自始至终在一种兴趣中练习，并通过特定的有趣的情节记住了教学内容，使记忆不再成为一种负担。

作业练习的基本要求：

①明确练习的针对性

练习不宜贪多，不能搞“题海战术”，应结合不同学生的学习实际，根据教材和学习的新知识，有针对性地选择一些“突破口”来布置练习。根据教材的要求和不同学生的实际，采用弹性练习，使两头和中间的学生都能得到很好的练习，各有所得。学生的练习不在于多，而在于练得精、练得巧、练得准、练得及时。

②把握练习的可行性

新课程标准强调对学生的动手能力和实践能力的培养。为此，在练习设计上应增强与现实生活的联系，首先要调动学生自主参与作业设计的积极性。

③把握练习的灵活性

不同的学生在基础与能力方面有很大差别，因此，练习设计要有选择性，要允许不同的学生有不同的选择，变“统一练习”为“多选练习”。其次，可以根据学习的内容让练习在形式上更丰富多彩。

（2）错误校正

因为学生对知识、技能的掌握，不可能是一步到位、一蹴而就的，所以他们在学习过程中出现差错是在所难免的，而且越是重点的地方，越容易在一些细节上出错，这是他们学习中的正常现象。在这一过程中，教师要善于及时发现学生的差错，适时校正，并且把这种差错作为一种可贵的教学资源，利用它去澄清学生模糊的认识，辨析混淆的问题，突破教学重难点，让学生从差错中吸取经验教训，体验感悟，提高学生发现问题、研究问题、解决问题和辨别是非的能力。

四、优化学习效果与结课环节

课堂教学是一种依据目标、导向目标的实践活动。不管事前的教学设计有多周密，多完善，充满活力的课堂情境中出现“变数”都在所难免。因此，根据学生学习的状况调整教学的方式方法，是常有的事。教师要随时接收来自学生的信息反馈，并对其进行认真分析，以便调整、修改和完善教学过程，使课堂教学不断优化。

（一）反馈与调整

1．反馈与调整的内涵

“人类的学习是一个反馈过程。”每一个学习任务结束后，教师要将学习的结果提供给学习者，使学习者了解自己已经学到了什么，还需要学些什么才能达到目标。教师对于教学活动的动态、调节与控制，也是通过学习反馈实现的。

调整是教师根据课堂情境出现的“变化”和捕捉到的反馈信息，结合教学目标调整教学的进度和教学内容，根据学生的情况调整教学方法、教学策略等。

2．反馈与调整的作用

第一，反馈调整是完成教学任务、实现教学目标的必要条件。没有反馈调整就无法对教学活动进行调控，课堂教学也就不可能有效地完成。教师只有及时地获得教与学的正确信息，并据此调整教学的要求、进度和方法，才能实现教学效果最优化。

第二，反馈调整是促进学生学习，提高学习效率，使学生“学会学习”的重要因素。学习反馈是学习过程的有机组成部分，它直接影响到学习的进程和效果。学生学习行为的形成和改善，良好学习行为习惯的养成，都离不开反馈调整。

第三，反馈调整对激发和维持学生的学习动机具有重要作用。

正确而恰当的反馈调整，仅作为外在诱因直接激发学生的动机，而且还可能通过“自我”机制影响学生内在动机的形成和发展。

第四，反馈调整有利于课堂教学中师生之间的良好沟通，是组织课堂活动、稳定学生注意力、维持学习秩序的有效手段之一。

3．反馈与调整的方法

（1）捕捉反馈信息

在教学中，教师要获得学生的反馈信息的方法是多种多样的，主要有以下几种：

①观察。眼睛是心灵的窗户，教师要善于通过这扇窗户观察、体察到学生的内心世界。苏联教育家苏霍姆林斯基说过：“对一个有观察力的教师来说，学生的欢乐、好奇、疑惑、窘迫和其他内心活动的最细微的表现，都逃不过他的眼睛。”学生是否喜欢课堂，对知识是否接受或掌握，对教师的教学方法是否适应，全都写在他们的脸上，尤其集中在他们的眼神中。

教师要善于观察学生的眼神变化，根据学生的眼神反馈出来的信息，调整自己的教学。如：教学语言是否深入浅出，语速是否快慢适中，详略安排是否得当，知识点是否正确等。

除此之外，教师还要观察学生的面部表情、动作、手势等方面的变化。学生听课时，会呈现出不同的面部表情、动作、手势等。教师要捕捉这些信息，及时反思，调整自己的教学。如：学生心不在焉，面无表情，教师应反思自己讲授的内容是否太冗繁、太枯燥；学生左顾右盼，东张西望看教室外面的世界，甚至轻轻站起来，教师应考虑自己是否讲得过多了；学生记笔记时焦虑，嘴巴嘟囔等，教师要考虑自己是否讲得太快；提问时学生低着头，甚至缩着脖子，有意不让教师看见，教师要考虑，自己设计的问题是否太难了，或者是否找到了最佳切入点；学生窃窃私语，交头接耳，教师应考虑自己是否语言刻薄，废话过多，或所讲内容与学生自己认知不同等。

教师在课堂中观察，不仅要用眼，还要用耳、脑，要边看边听边分析，捕捉学生的内心活动，从而更好地调整自己的教学。

②提问。在课堂教学中，捕捉学生的反馈信息，还可通过提问的方式进行。

在提问时教师应该注意，在提问对象的选择上慎重考虑。根据课堂的教学目标，教师应有针对性地对不同层次的学生进行提问。基础性知识、较易的绝大多数学生都掌握的知识应多问基础较差的学生，而有一定难度、需要学生认真思考后才能作答的题目应多问成绩较好的学生。等待学生回答问题时，教师要有耐心，要顾及学生的感受，不要有粗暴的态度，对学生的回答要认真、耐心地听取，及时反馈，正确的要给予肯定、表扬、鼓励；错误的要及时纠正；模糊的要予以澄清；不完善的要给予补充。

③考查。课堂考查不仅能检查学生的学习质量，也能检查出教师的教学效果，获得教学双方的反馈信息。考查的方法多种多样，可分为听写、默写、演练、提问、小测验等。进行考查时，形式尽量灵活多样，不要单一。

（2）灵活进行调整

适当灵活地调整教学，可以提高教学效率，保证更准确、有效地传递教学信息，能唤起学习兴趣，激发和维持学习动机，稳定学生的注意，并将无意注意转为有意注意。《学记》中说："善歌者使人继其声，善教者使人继其志……"教师身态语言的变化，是教学情绪和感染力的具体体现，其变化不需要借助其他教学媒体就可以实现。

①语言动作的变化

首先，语言的变化在吸引学生注意力方面具有显著的效果。一种平淡、单调的声音会使课堂没有活力，而新颖变化的讲解以及充满感情的语言，会使课堂变得生动活泼。

其次，教师可利用情绪和态度的变化，控制师生之间的情感交流。前文中曾提到过，课堂上的微笑传递着一种信息：激励和赞美。许多教师都懂得微笑的意义，他们即使在十分疲惫的情况下，走进教室，也总是带着微笑，因为他们懂得学生会从教师的微笑里感受到激励、唤醒和鼓励，感受到师生之间的爱护、理解和友谊。

除此以外，眼神的变化，可以沟通心灵；身体的变化和手势的变化，可以沟通信息。

②教学活动的变化

这里的“活动”泛指在课堂教学中教师教的活动、学生学的活动以及师生相互作用的活动。教师应根据教学目的、教学内容、学生的学习情况适度地交替使用多种教学方式，并且变换每种方法的具体形式。从学生角度讲，他们也会随着教师教的活动的变化，更换学习的方式和方法，如读书、听讲、操作、练习、提问、探究等。从教与学的相互作用来看，既可有师生的问答与讨论，又可有学生之间的商议和小组活动。总之，在课堂教学中，教学活动的变化是普遍的、多种多样的，而且也正是这种变化促进了教学的优化和学生的发展，发挥了学生的主动性和积极性，发展了学生的智力。

（3）实施“双补”

“双补”即补救与补充。“补救教学”指依据学生学习状况的反馈信息，对学习中没有解决的普遍性问题以及重点、难点进行“再次教学”。“补充教学”则是对教学中“生成”的新问题或为了拓展学生智能而进行的“扩充教学”。无论是补救还是补充都不是简单的重复，都应当注重有的放矢。

（二）结课环节

写文章的人常常强调文章的内容结构应该是“虎头猪肚豹尾”，即文章应有引人入胜、动人心魄的开头；抓住读者的目光的中间部分应容量大，叙述要详尽严密，论证要充分有说服力，分析要透彻、精辟，抒情要细腻，善于旁征博引等；而结尾应凝练有力，耐人寻味。我们的课堂教学，也应该做到这样。教师在教学中应该做到首尾呼应，善始善终，让整个课堂成为浑然天成的有机整体。做到课未始，兴已浓；课正行，兴照浓；课已毕，兴犹浓。而不能其兴也勃，其收也羸，虎头蛇尾，草草收场。

1. 结课的功用

（1）归纳总结，强调重点

教师对教学内容进行梳理、归纳和总结，以加深和巩固学生所学知识，使之系统化。在课的结束环节，教师启发学生对知识进行概括和总结，促进知识的迁移。

（2）拓展延伸，引发新趣

在课内的结尾环节，或预伏悬念，留下探索性作业；或揭示与本课有联系的新内容，展现更远的目标；或提出新的要求，让学生把知识运用于新的情境。这些都会使学生产生一种不断学习新知识的欲望。

（3）新旧联系，做好衔接过渡

课的结束并不意味着学习的结束，教师要通过提示和指导，为学生学习以后的知识埋下“伏笔”，实现教学活动的自然衔接与过渡，促进知识的拓展、延伸和迁移，为新知识的学习做准备。

（4）对学习进行反思

反思就是学习者对自己的思维过程、思维结果进行再认识的检验过程。有人曾经指出，“强调体验、经历、探究，这是对的，但是我们忽略了反思，我认为反思可能更重要。”“学生对所学的知识进行反思，是一种更深层次的学习过程”。在课堂教学的结束环节，让学生学会反思，进行自我检查，自我调整，可以促使学生自觉投入学习活动，真正成为学习的主体。在人文学科（如语文）中，除了让学生反思获得的知识、技能，教师还应引导学生反思自己是否受到了人物精神力量的触动、震撼，自己是否从他们身上汲取到了精神的、情感的力量，是否受到了智慧的启迪等。而在科学学科中应引导学生反思所学的知识、技能；反思知识中所蕴涵的科学思想；反思学习中涉及了哪些科学方法，这些科学方法如何运用，运用过程中有什么特点，这些科学方法是否在其他情况下运用过，现在运用同过去运用有何差异、联系，有无规律；反思基本问题、典型问题；反思这节课学了什么，自己有什么收获，还有什么不懂的地方。这样既可以加深学生对本节课所学内容的理解，又可以提高学生的语言表达能力，更可以使学生的思维能力得到训练。

2. 结课的要求

（1）首尾照应，相对完整

一般来说，一堂课是一个相对完整的整体，这堂课的导入、展开、调整、结束都应当紧扣当堂课的教学内容，不能离开教学主题。课的结尾有些时候对引入教学时的设疑内容做总结性回答；有时候又对教学内容进行进一步延续和升华；有的则是根据已学的知识，提出新的问题，激发学生进一步探究学习的兴趣。因此，结课不能以一句简单的“今天的课就上到这儿”草草收场，而应当从整体考虑，根据教学内容做好结课工作，使整堂课首尾照应，相对完整。

（2）干净利落，恰到好处

在结课时，有的教师担心学生掌握不牢，重复啰唆，在内容上画蛇添足，甚至“拖堂”，试图让学生把教学内容都吸收掉。这种做法往往适得其反，它使学生心理上厌烦，身体上不适，久而久之，学生就认为老师会反复讲，拖堂讲，最后导致课堂上不认真。

（3）画龙点睛，突破时空

结课往往是一堂课的“点睛之笔”，一堂课的结束应让人感到意味深远，回味无穷，有着“余音绕梁，三日不绝”的审美效果。这时，教师要善于抓突破点，“使学生能够咀嚼回味，展开想象的翅膀，突破时空的局限，自由驰骋”。

（4）形式多样，灵活处理

结尾除了有单独一节课的结尾，也有全篇（章）讲授的结尾，所以采用什么形式的结尾要视具体情况灵活处理。

3．结课的基本形式与方法

结课有很多形式和方法，并没有固定的模式，教师需根据教学内容、学生情况，或课堂情况灵活运用，而不能拘泥于一种形式，陷入单调、呆板的状态。

（1）随机处理，巧妙结束

有时候，在教学过程中，因为出现了意外事件，耽误了预定的教学进程，导致刚刚写下一道例题时，下课铃便响了，这就需要教师有随机应变的能力，巧妙结束课堂。这时有经验的教师就会说：“这道题怎么解呢？请同学们课后思考，下节课再探讨，下课。”

（2）概括总结，言简意赅

一节课结束时，教师一般会将一课的教学内容简明扼要并且条理清楚地归纳总结，归纳出教材的重点、主要内容和特点，尽量概括出规律性的知识。这样的总结需要抓住关键，简明扼要。教师还应尽量结合板书进行概括总结，进一步提炼和深化学生的认识。

（3）设置情境，引发遐想

结课时，教师出其不意地用诗歌、音乐、美术作品或小故事创设出让学生参与和想象的情境，让学生在这一情境中遐思畅想。这种结课方式，要求教师注意增添艺术性，使学生感受到“言已尽而意无穷”，在课后咀嚼回味，反复推敲，并展开丰富的联想。

（4）拓展延伸，启发思维

通过结课，把课内外联系起来，引领学生将课堂内所学的知识向课外延伸、扩展，在课外得到运用，开辟思维的“第二课堂”。

【案例】

师：好，下面老师也来玩味一番。文章有两段，第一段略写故事的开端，第二段详写故事的发展高潮。文章有两处伏笔、两次照应（睨之）（徐以杓酌油沥之）。陈康肃公两次呵斥卖油翁，第一次体现其自傲；第二次是辱骂，语气逐渐加重。卖油翁的两次表现，体现了他的稳重，形成了文章中的波澜。还有两次“手熟”；还有“汝”“尔”两个人称代词都是“你”的意思，还有两个“而”，等等。看来可以玩味的角度很多啊。同学们还可以从新的视角发现新的内容，也许，你们可以就自己的发现写一篇学术论文呢。

案例中教师的话点到为止，留给学生的是“还可以从新的视角发现新的内容”，尽管课堂教学结束了，但学生的思维却还在延续。“也许，你们可以就自己的发现写一篇学术论文呢”更激起了学生的探究欲望，令他们去自主探究，真正开辟了学生思维的“第二课堂”。

（5）活动激趣，深化理解

喜欢玩是孩子的天性，游戏活动是激发学生学习兴趣的最好载体。把学生带入一个快乐的世界，把“玩”和“学”巧妙地结合起来，就可以收到事半功倍的效果。

第三节 精彩课堂教学的有效形式

一、情先行的导入方式

苏联著名教育家苏霍姆林斯基说：“如果教师不想办法使学生产生情绪高昂和智力振奋的内心状态就急于传授知识，那么这种知识能使人产生冷漠的态度，而给不动感情的脑力劳动带来疲劳。”因此，在课堂导入时，教师应该特别注意艺术性，充分利用自己广博的知识，组织生动优美的教学语言，创造出和谐的课堂气氛，以此来激发学生的学习兴趣，帮助学生展开思维，丰富联想，变好奇心为浓厚的兴趣，自然地成为学习的主人，把学生引入无比瑰丽的知识世界。

我国古代著名的教育家孔子曾说过：“知之者不如好之者，好之者不如乐之者。”从心理学角度讲，兴趣是认识事物过程中产生的良好情绪。这种心理状况会促使学习者积极寻求认识和了解事物的途径和方法，并表现出强烈的责任感和旺盛的探究精神。

可见，如果课堂导入充满艺术性，学生便会把学习看作是一种精神享受，因而能更加自觉积极地学习。

那么，如何才能让导入充满艺术性，进而把学生的注意力吸引到课堂上来，为接下来的学习奠定良好的基础呢？

首先，充满艺术性和趣味性的导课一般应满足以下几个要求：

（一）针对性强，目的明确

虽然从根本上说，导课的目的是吸引学生的注意力，但是具体到每一堂课的导入，又有更具体的目标，教师要紧扣本课的教学目的和要求，而不要脱离具体的教学内容去摆什么“噱头”。尽管“噱头”有时也会起到吸引学生的作用，但是它常常是和教学内容脱节的，因此这种“吸引”是不可取的。从另一方面来说，“噱头”产生的作用毕竟是有限的，不可能维持整堂课，而且如果“噱”过了“头”，那就很容易把学生引入误区，导致他们不按教学大纲的要求去学习。因此，艺术性的教学，必须首先明确导课的具体目的，而导入语的设计、各种手段的使用都应针对具体目的。比如，有时是使新旧知识联系起来，有时是为了设置悬念引发学生对新内容的思考，有时是想创设一种适合学生学习的意境，有时是解决学生对课题的疑问，等等。

【案例】

一位教师在教《说谦虚》一文时，就设计了很精彩的导课。他说：“有一位导演，成功地导演了一部新影片。当记者就这部片子请他谈谈想法时，导演说：‘如果把这部整体美的影片打碎，那么任何一块碎片都将闪光。’而举世闻名的球王贝利被问到哪个进球最精彩时，他却回答：‘下一个。’这是两种完全不同的人生态度，难道不值得我们思索吗？”

课堂教学导入的设计还要考虑到学生的年龄特点、心理状态、知识能力基础的差异程度。比如：小学低年级，最好多从讲故事、寓言,做游戏入手;中学生多从联想类比、启发谈话、设置疑难入手。有针对性地设计导课才能满足学生的听课需要。

（二）恰到好处，明了简洁

由于一堂课的教学时间有限，导课又不是授课的重点，所以不宜在课的开头花太多的时间。冗长、啰唆、不得要领的开头，不但没有美感，更不能取得良好的教学效果。艺术性的导课，必须争取在较短时间内，用最精练的语言达成目的。

【案例】

一位教师教学《念奴娇·赤壁怀古》时，他是这样开讲的："有这样一件有意思的事：音乐家想把这首词谱上曲子，作为'话说长江'的主题音乐会的歌曲，但他们嫌这词太长，于是有人提议浓缩一半。当他们向几位诗人提出要求以后，诗人们哈哈大笑：'怎么？把苏东坡的《念奴娇》改短？这可是千古绝唱啊！别说减一半，谁改得动一个字？'好吧，咱们今天便来学学这千古绝唱的《念奴娇》，看看能改动一个字吗？"教师的短短几句话用设问和反问，故意引起疑惑，使学生的思维由课前的茫然状态转变为惊疑后的思考，达到激发学生学习积极性的导课目的。

一位教师教学《小壁虎借尾巴》："今天，老师带来了一只小动物的画像，你们谁认识它？"说着，教师从课桌上拿起一幅小壁虎的图，这只用水彩画成的小壁虎，不但不丑陋，而且显得很可爱，尾巴做成活动的，可以摘掉。学生马上惊喜地说："小壁虎！"教师接着问："谁知道它是什么样的动物？"有的学生说："壁虎有毒，能让人中毒。"另一学生说："壁虎吃苍蝇、蚊子。"教师趁机说："壁虎虽然长得不好看，可是它吃苍蝇、蚊子，是人类的好朋友。你们看，这只小壁虎的尾巴怎么了？"（将画上的小壁虎的尾巴摘下）学生惊奇地说："哎呀，尾巴断了。"教师马上因势利导："这只小壁虎的尾巴怎么断的？断了以后它怎么办呢？今天我们学《小壁虎借尾巴》（板书课题），这一课讲的就是这只小壁虎尾巴断了以后的事。"

一般来说，导课总共不到五分钟，但它简洁凝练、巧妙、新奇的特点，可以成功激发学生急切的求知欲望。

（三）新异有趣，刺激强化

根据心理学的研究，新异刺激可以有效地强化学生的感知，吸引学生的注意。因此，新颖的导课能够引起学生的兴趣。学生的学习兴趣是他们在学习中获得成功的原动力，求知欲望是激发他们聪明才智的动力。如果在一堂课开始时，教师通过其富有哲理、富有热情并且富有鼓动性的"开场白"，把学生积极学习的热情最大限度地调动起来，那么接下来师生双方都会觉得十分轻松、十分愉快。

【案例】

一位教师给高一的一个班上观摩课。这节课安排在一节体育课后，预备铃响过，教室里仍是热闹非凡，一片混乱。上课铃响了，这位教师走上讲台，学生们仍在打闹，怎么办呢？只见这位教师略一思索，突然大喊一声："同学们！"略一停顿，一字一句地说："今天早晨，电视广播了一条极其悲惨的新闻！"学生们齐声回应："啊，什么悲惨新闻？"老师用低沉的声音回答说："山西有一个煤矿发生爆炸，有几十个工人被困井底，生死未卜——"接着是一个较长的停顿，学生们这时都注视着教师，急于知道详情，课堂里顿时鸦雀无声。接着教师说："人们正在组织救援，情况与我们今天要上的课有些类似。"略停一下，然后说："请同学们把课本翻到第103页，今天我们学习《为了六十一个阶级兄弟》。”然后板书课题。教师的做法使一场混乱霎时平息，并且营造出了十分符合教学内容的课堂气氛，讲课取得了良好效果，令听者意想不到。

（四）设计悬念，引入课堂

好奇心人人都有，青少年学生尤甚。教师悉心营造出来的悬念当然可以吸引学生的注意，但要取得最佳效果却是颇有讲究的。教师要根据学生的知识水平和心理特点来设计悬念，造得逼真，造得恰到好处，其中特别要注意的是必须与本堂课教学的内容、情境相符合，使学生在探究悬念“谜底”的同时完成他们应该完成的学习任务。

【案例】

在教朱自清的散文《绿》时，教师先讲了一个小故事：欧洲有个叫摩根的商人长得高大魁梧，但他的夫人却小巧玲珑。他们夫妇俩到了非洲，男的先去卖蛋，一连三天无功而返。而夫人去卖时，不多时蛋就卖光了。这引起学生的诸多猜想，但都百思不得其解。教师最后说：“摩根人大手大，鸡蛋在他手中显得小。他的夫人人小手小，同样一个鸡蛋在她手中就显得大了，所以人们争着买。”同学们听了恍然大悟。教师接着说：“这就是我们常说的衬托手法。同学们看看，《绿》这篇文章在哪些地方使用了衬托手法，这样写表达了作者怎样的思想感情。”

（五）以启发性思维收获教学效果

积极的思维活动是课堂教学成功的关键，所以，教师在上课伊始就运用启发性教学来激发学生的思维活动，必能有效地引起学生对新知识、新内容的热烈探求。

【案例】

有位物理教师在教学“运动与静止”这一课题时，问道：“你们听说过用手去抓飞行的子弹的事吗？”对学生来说，这种事似乎是不可思议的，教室内立即鸦雀无声，同学们开始思考了。不一会儿，课堂沸腾了，学生们争先恐后地发表自己的看法：“子弹飞得那么快，用手能抓住吗？”“我就听说过。”教师肯定地回答，“第一次世界大战期间，一名法国飞行员在两千米高空飞行时，发现有一个小虫似的东西在身边蠕动，他伸手一抓，大吃一惊！原来抓到的竟是一颗德国制造的子弹。”学生们听了十分惊疑，产生了一种强烈的探究心理。“出现这种情况是什么原因呢？我们今天要学的课题‘运动和静止’就要探讨这个问题……”于是，学生们的注意力迅速集中到新课的内容上去了。

启发性的导课设计应注意给学生留下适当的思考余地，让学生能由此及彼，由因到果，由表到里，由个别到一般，收到启发思维的教学效果。

二、让精彩提问成就教学艺术

课堂提问是教学的重要组成部分，如果没有成功的提问，那就没有教学的艺术。精彩的提问可以使课堂生机勃勃，教学有声有色。究竟怎样的提问才是一个好的提问？日本的一些教育家根据提问的优劣把课堂提问分为“重要的提问”和“徒劳的提问”两种，并指出“重要的提问”具有以下五个特点：

①表现出教师对教材的深入研究；

②能启发学生自省；

③与学生的智力和知识水平的发展相适应；

④有助于实现教学过程中的各个具体目标；

⑤能诱发学生的学习欲望。

怎样才能使课堂教学中的每一问都成为“重要的提问”，使其既激发学生的兴趣，活跃课堂气氛，又能促使学生积极思索，探究知识，收到事半功倍的效果呢？实践证明，要实现上述目的，就要做到以下几点：

（一）抓住提问的兴趣点

所谓兴趣点就是可以激发学生学习兴趣，促进学生思考理解的知识点。抓住这一点来提问，可以激发学生的求知欲望，发挥非智力因素对教学的促进作用。如在音乐课中，小学低年级学生想象、思维能力都比较差，用插图的方式导入，可以让他们展开想象、激发兴趣、启发思维，帮助他们理解音乐。有位教师在教唱《呱呱呱》前先出示插图让学生观察，并提问：“图中的小动物你们见过吗？它们会干什么？为什么我们大家都要保护它？”学生踊跃回答问题，在这一过程中加深了对音乐形象的理解，并且明确了保护青蛙的意义，从而为学唱这支歌奠定了基础。又如，在政治课中，有的学生认为政治课枯燥，而有的学生认为教师讲得津津有味，听他的政治课不是一种负担，而是一种艺术享受。

（二）抓好提问的发散点

教师要充分发掘教材因素，抓住教材中最能引起发散思维的发散点设问。进行发散思维训练，这对引导学生深入理解课文内容，培养学生的创造能力是十分有益的。如，有位教师在教学《项链》一课时，为了加深学生对课文的理解，提出了这样一个问题：除了课文的这种结尾法外，你还能想到另外的结尾法吗？你设想的这种结尾法和课文的结尾法相比哪种方法好？为什么？经过这样一问，学生的思维闸门打开了。学生们设想了好几种结尾法，再反复讨论比较，最后明白了课文的情节，即最后作者来这样一个意外的结尾，既在意料之外又在情理之中（遗失了假项链，赔偿了真项链），既有余味可寻，又升华了主题，使读者从结尾处回溯全文。这种结束之妙，远非其他任何结束之法可以相比。

（三）抓稳提问的矛盾点

此种提问以抓住一对矛盾或抓住一个现象来提问，使讨论的中心逐渐靠近新课。

【案例】

有位教师讲《浸润和不浸润》一课时是这样提问的："鸡和鸭都是家禽，但鸡怕水，而鸭为什么不怕水呢？"学生围绕这个问题展开讨论，教师在这期间引导学生做"一个白纸板和油纸板上分别滴一滴水"的小实验，以打开思路，促使讨论进一步深入，最后引出浸润和不浸润的课题。

此种提问，讨论目的鲜明，学生思维比较活跃，同时也为教师及时抓住学生的实际认知状况提供了机会，这就有效地保证了教学的针对性。

（四）抓紧提问的聚合点

聚合点是集中反映课文的中心思想或者大家关心的热点问题。教师围绕聚合点提问，可以抓住这一点提挈全文，保证教学的整体性。

【案例】

在讲《社会发展简史》中的"社会主义制度的不断完善和发

展”一课时，一位教师首先就热点问题引发学生思考：“社会主义既然是世界上最先进的社会制度，而且有着无比的优越性，那为什么第一个社会主义国家苏联会解体呢？苏联、东欧的剧变还能不能说明资本主义必然灭亡，社会主义必然胜利这一历史发展的规律？”这一热门问题一经提出，立即引起了学生浓厚的兴趣，他们展开了热烈讨论。在学生争论不休，无法得出结论时，教师用学生所了解的中国革命发展过程给予点拨并及时引入新课，同时指导学生阅读教材，在阅读中再引导学生。

教师结合实际，用热门话题提问，导入新课，不仅调动了学生学习的热情，活跃了课堂气氛，而且使学生对知识的理解变得更深刻。

（五）抓准学生的模糊点

由于学生欣赏能力的限制，他们对课文内容的理解往往有片面性。在课堂教学中，根据反馈信息准确地捕捉学生认识上的模糊点，提问引思，可以有效地引导学生正确理解课文内容。如，某教师在讲授古诗《陌上桑》时，在理解“东方千余骑，夫婿居上头。何以识夫婿？白马从骊驹。青丝系马尾，黄金络马头；腰中鹿卢剑，可直千万余。十五府小吏，二十朝大夫，三十侍中郎，四十专城居。为人洁白晰，鬑鬑颇有须。盈盈公府步，冉冉府中趋。坐中数千人，皆言夫婿殊”这段诗时，有不少同学产生了疑惑：罗敷真的有这样一位地位显赫的夫婿吗？如果真是这样，她会出来采桑吗？教师以此关键问题进行提问，引导学生联系全诗的内容深入讨论，从而令学生明白了这一段诗全是诗人的虚构。作者以大胆而随心所欲的夸张，借大官压小官，以威气斗邪气，不仅充分展示了罗敷的雄辩善言和不可抗衡的气势，而且让使君处于小巫见大巫、无地自容的境地。这样的提问引导，既澄清了学生的模糊认识，又提高了学生的思维能力。

三、让追问引发学生的深入思考

【案例】

一位主持人在访问一个小朋友时，问道："你将来想当什么？"小朋友说："我想当飞行员。"主持人又问："如果飞机在太平洋上飞行时，所有的引擎全部熄火了，那你该怎么办？"小朋友回答说："让所有的乘客系好安全带，我带着降落伞往下跳。"顿时，所有的人都被逗得哈哈大笑。主持人看着小朋友那悲伤的表情，追问他原因。小朋友回答道："我要回去拿汽油。"

若没有最后这一追问，这个小朋友精彩的回答也许就听不到了。其实，如果在课堂上教师也能有这样的追问，那将会出现很多精彩。

"追问"，顾名思义是追根究底地问，它是课堂教学中对话策略的组成部分。与一般提问不同，追问是一个相对完整的教学过程，是一连串提问的组合，是教师有系列、有方向、最终能使学生自己寻找正确答案的提问。追问能够引发学生深入思考，引导学生针对某一具体问题进行多角度、多层面的分析与研究，提供展示思维过程的机会，培养学生的反思能力，提升学生的思维水平；追问有利于教师及时了解学生的学习过程和学习方法，以便教师调整教学策略，向学生提供具体的帮助和指导。所以，在动态的课堂教学过程中，追问无疑是促进学生学习、实现"有效学习"的重要的教学指导策略。有研究表明，教学效果好的教师更爱对正确回答了一个问题的学生提出另一个问题，以鼓励他进一步思考。因而教师必须常常实施“追问策略”，以对学生主体的学习过程进行有效控制，努力实现既定的教学目标。

追问的课堂教学调控功能主要体现在以下几个方面：

1．了解学生的掌握程度

通常情况下，教师提出问题，学生作答正确后，一个教学回合就完成了。但如果我们细想一下，学生对提问做出正确回答是否等于其真正理解了问题呢？这正确的背后存在两种可能：一是确实懂得并且正确理解，二是一知半解或侥幸答对。因此，在学生正确答问后再追问一句“为什么”是必要的，只有让学生“答其所以然”，才能真正了解其对问题内容的把握程度。再换一个角度看，如果该学生确实已牢固掌握了这一知识，这时对其他学生来说教师的讲解可能还没有该生的讲解亲切、易懂、切合实际，于是对该生的追问事实上也是对全班学生的追问。随着问题的产生，在场学生往往都会做出相应的积极思考反应；随着该生答问的进行，在场学生也更易“渐入佳境”。

2．拓宽思考的视角

由于知识、经验的局限，学生对问题的认识常表现出孤立、肤浅的思维特征，为此而进行的“追问”主要是帮助学生拓宽思考的视角，从多个角度发散，在广阔的空间搜寻，从而有新的发现。

3．调整可操作性的难度

任何一个熟悉和了解学生的优秀教师都不可能将各个问题设计得恰好切合学生。更何况许多时候，我们缺乏的恰恰是对学生的了解，因此教学设计中的问题与学生的实际情况脱节在所难免。问题提出了，学生疑而不发，问而无答，怎么办？除了让学生再熟悉内容以求得理解的全面深入外，或降低难度或变换角度追加问题，也不失为一种有效策略。

以调整为目标的“追问”，可以从设问所包容的前提问题入手，通过分解问题来降低难度，使学生顺着思路逐步获得答案。还有一种情形，并不是设问本身难度大，而是问题提出的角度使学生觉得难以把握或难以作答，这时进行追问主要是调整和变换问题的表述角度。

4. 让学生体会识得庐山面目的喜悦

一般而言，学生希望从教师那里获得明确而及时的评价。对回答正确的学生，及时评价自不必说，而对回答不正确的学生，特别是对由于缺少知识或理解不深、不透、不细造成失误的学生，教师既不应给予草率评价，也不应忙着明确指出其错误，而应采取提供线索、放大错误等方式进行“追问”，以让学生自己发现答题的疏漏、谬误之处，并自识其陋，自纠其错。

【案例】

师：《风景谈》谈的是风景吗？

生：谈了风景，但不仅是在谈风景，主要是在谈人，歌颂人的伟大。

师：既然主要歌颂人，为什么文章取名《风景谈》呢？作者为什么不像碧野先生在《天山景物记》里那样直抒胸臆呢？

生：因为当时的背景不允许。

师：当时的背景如何？

生：茅盾先生于1940年5月到12月访问过延安，亲眼看到了解放区军民的战斗生活，感受到他们的崇高精神，于年底写了这篇文章。为了能在当时的“国民党统治区”发表，全篇从谈风景下笔，写得较含蓄。而碧野先生写《天山景物记》是在新中国成立以后，歌颂中国共产党英明领导下边疆人民的幸福生活，用不着隐晦，自然可以直抒胸臆。

师：（进一步启发）那么，以景写人，这是一种什么写法？

生：借景抒情。

生：情景交融。

师：请举例——

生：（用高昂的语调读）这里是大自然最单调、平板的一面，然而加上了人的活动就完全改观，难道这不是“风景”吗？自然是伟大的，然而人类更伟大！

师：这的确是一道风景，而且是一道独特的风景，这是力量的沉积，是作者的心灵情感的迸发。那杆血红的大旗红得如此热烈而彻底，红得如此让人感动，我们不禁高呼一声：风景这边独美！

师：（稍停，指着黑板上“风景谈”三个字）这篇文章的篇名揭示了时代背景，点明了写作特点，也凸显了主题。

案例中，教师设计了一个核心问题“《风景谈》谈的是风景吗？”，然后围绕这一问题，又逐一深入地追问了“既然本文主要歌颂人，为什么文题取名《风景谈》呢？”“作者为什么不像碧野先生在《天山景物记》里那样直抒胸臆”“当时的背景如何？”“那么，以景写人，这是一种什么写法？”等四个问题，最终让学生自然地从课文中寻找到答案。整个提问环节，不仅核心问题设计得准确、启发性强，而且每一个追问也设计得自然而简洁，呈现出由表及里的层递性。这样，学生的思维才会更加自然、流畅。

追问一般可以在以下情境中运用：

①学生答问的语言含糊不清时，通过追问使学生表意明确；

②学生答问的内容范围不准时，通过追问使学生的答问准确

无误；

③学生答问的思维深度不够时，通过追问使学生的答问深刻；

④学生答问的内容过于简略、抽象时，通过追问使学生的答问具体、充分。

而追问内容的设计，一方面要根据教学目标和教学重难点确定，追问要为落实教学目标和解决教学重难点服务。要在关键点上追问，无目的的追问和脱离教学内容的追问，实际上是浪费课堂时间。另一方面要考虑学生的实际水平。追问内容难度要适宜，使问题贴近学生的“最近发展区”，从易到难，层层推进，激活学生的思维，让不同层次的学生都体会到成功的喜悦。

当然，追问绝不等同于“满堂问”——教师在课堂上连续提问，或是非问，或选择问，或填空问，或自问自答，这些问题学生可能会或习惯性地举手，仓促地回答问题，或置之不理，保持沉默。而对于学生的回答，教师也只简单地肯定、否定，或不置可否，然后自己补充讲解，再提出问题……这种提问方法，表面看去，似乎学生是在主动学习，但其实质仍然是以教师为中心的教学方法，与平等对话的教学理念是背道而驰的。

在运用追问这种教学艺术时，我们首先要注意学生是学习的主体，教师的提问只是帮助学生理解，而不是为了给学生提供现成的答案；其次，教师只有在学生产生需要时才进行提问，正所谓“不愤不启，不悱不发”；另外，在追问的过程中，教师提出的问题一定要有价值，能促进学生积极思考，寻求答案。

四、让导答诱发学生的独立思维力

导答，就是要启发诱导学生回答。为了不让课堂出现冷场，教师在课堂教学中要有问有导，善于引导，掌握导答技巧，启发学生独立思考。

课堂教学中，教师常运用以下一些方式来引导、提示学生回答问题：

1．分解难度式

这是课堂教学中最常用的方法。有时教师课前并未充分了解学生掌握知识水平的程度，提出的问题过难过“大”，学生不容易回答。教师发现后，可化大为小，化整为零，把一个大问题分解成几个小问题来引导学生回答。

【案例】

有位教师教学《群英会蒋干中计》时问：“周瑜是怎样巧施妙计的？蒋干是如何步步中计的？”学生一时答不出来，教师知道，问题过大了，于是马上将这个问题分解成几个小问题“周瑜是如何制止蒋干说降的？”“周瑜是如何引诱蒋干中计的？”“周瑜、蒋干的表现分别怎样？”引导学生分析，学生很快找出了问题的答案，大问题自然也就解决了。

2．定向点拨式

定向点拨就是教师作为“指路人”“引导人”，让学生的思路、回答朝向教师要求的目标发展。在课堂教学中，教师对自己的提问，事先应准备好一个明确的答案，并预测学生可能有的几种回答，并给予引导评价。如果学生在回答教师的提问时，没有紧紧围绕着问题，而是东拉四扯、节外生枝、离题较远，这时教师要定向引导、及时点拨，诱发学生的思路步步触及问题的实质，从而得到正确的结论。

【案例】

有一位教师在教《植物的果实》一课时，拿起一个苹果和一个梨，问道："为什么都叫它果实呢？"一个学生问答："都能吃。""能吃，对。但不一定所有的果实都能吃。"教师启发诱导说。"都是树上长的。"又有一个同学说。"但不是所有的果实都长在树上，花草也有果实。"教师说。"都有核。"一个学生脱口而出……该教师通过一次次的启发点拨，使学生一步一步地得出正确结论："是不是果实，主要看里面有没有种子。"

3．由此及彼式

在课堂教学中，学生回答教师的提问，常常会出现答非所问的现象。这表明学生对教师提出的问题还不明白，这就要求教师善用由此及彼式，通过架桥铺路，使学生把解决此问题的知识、方法或思路，用于解决彼问题，使学生温故知新，触类旁通。如一位教师讲"假分数""最简分数"的概念后，让学生举出几个最简分数来。一个学生回答说："XX是最简分数。"有的说："这是假分数，不是最简分数。"还有的反驳说："它的分子、分母是互质数，应是最简分数。"这成了个有争议的问题。于是，这位教师便拿出一支红粉笔和一支白粉笔，一张红纸和一张白纸。先把红色的东西放一起，白色的东西放一起；后又把粉笔放一起，纸放一起，问学生："同是一支粉笔、一张纸，为什么前后两次的放法各不相同呢？"这位教师巧妙地用了由此及彼、联系迁移式，把学生的思路迁移到先前的问题上，很容易地就得出了结论：XX按假分数的定义，是假分数；按最简分数的定义，又是最简分数。

4．激将鼓励式

"激将"即用刺激性或反面的话鼓动人去做原来不愿做或不

敢做的事。在课堂教学中，教师提出问题让学生回答，这是一件需要学生动脑思考的事。可有一部分学生不善动脑、不愿回答或不敢回答，导致教师一提问，课堂就“冷场”。有的学生把头埋得低低的，唯恐叫到自己；有的学生目光不敢与教师的目光接触；有的学生不好意思举手回答，怕回答错了遭老师和同学耻笑；还有的学生虽勉强站起来，但低头弯腰，声音含糊。遇到这样的情况，教师要善于激将，向学生发出“挑战”，鼓励他们大胆地回答问题。教师可以用期待、信任的目光，暗示学生“你能行”；可以用热情诚恳的话语“我相信，我们班同学能回答出来这个问题”“这个问题就难住我们了？谁敢站起来试一试”“谁能站在台前给大家讲一讲”这些话来鼓励学生。对于学生，要尽量鼓励他们用自己的话，说出自己独到的见解。让他们放开胆量，不要理睬别人的看法，要树立学生的信心。“你们还是学生，把‘丑’出在家里，没问题！”对于个别学生的回答，教师还要鼓励其他同学补充、校正。

5．直观提示或表情示意式

在课堂教学中，学生回答问题常常有这样的困扰：想说说不出，有时说出来的又不是自己想要回答的。针对这种情况，教师可以运用直观手段提示，也可用眼神、手势、动作等进行必要的暗示、提醒。

【案例】

一位教师教“分子运动论”时，问：“一瓶酒精和一瓶水混合后够不够两瓶？”学生一时被问住了，找不到解决问题的出口。这位教师就打了个比方：“一斗芝麻和一斗黄豆倒在一起有二斗吗？”学生立刻恍然大悟。

《小小的船》一课中，课文的开头是“弯弯的月儿小小的船”，学生似懂非懂。教师提问：“这句话既讲了月儿又讲了小船，到底讲的是什么？”话音刚落，顿时全班鸦雀无声，个个皱起了眉头。这时候，教师打开幻灯片，屏幕上出现了一个晴朗的夜空，有个孩子坐在弯弯的月儿上，手摇双桨划动着。孩子们仔细观察着，脸上露出了笑容……

6．故意出错式

这种方式指在学生答问都不积极主动的情况下，教师故意说出一个错误的答案，有意挑起战火，诱导学生抢答。如教学《为了忘却的纪念》，有位教师问课文标题是什么短语结构，学生沉默不语，于是教师道：“其实，我根本没有必要问大家这样一个十分简单的问题，因为我知道，标题是一个‘介宾短语’。”话音刚落，教室就骚动起来，很多学生发言纠正教师的“错误”。教师就用一个故意的错误撬开了学生的嘴巴。

7．温故知新式

这种方式指在教师提出问题，学生毫无发言的意向时，教师适度地提供旧知识，引起学生联想，让他们迅速以旧推新，温故知新，从而顺利地完成答问。如有位教师教《警察与赞美诗》时问道：“苏比是怎样的一个人？作家对他的态度应该是怎样的？”学生不语，于是教师说道：“如果拿阿Q和苏比做一下比较，两人有什么相同之处呢？”学生立即回想并讨论，分析出苏比和阿Q至少有三方面相同之处，从而较完整地把握了苏比的形象。

当然，导答的方法还有很多，这里就不一一列举了。教师应根据课堂教学情境，因势利导，见机行事。课堂导答是优化课堂教学、提高教学质量的重要方面，不可低估，不容忽视。因此，教师要认真学习、研究，努力提高自己的导答艺术，从而达到最佳的教学效果。

五、让举例成就妙趣横生的课堂

举例，是指教师通过文字、音像等教学手段，列举社会生活、自然界等各方面的实际事例，进行分析、说明、解释和论证。举例既能使课堂教学生动活泼、趣味横生，又能提高教学效果。

那么，教师该怎样提高自己的举例艺术呢？

（一）举例能力的培养

教师要想在课堂教学中自如地举例，关键在于平时的积累和搜集。教师应主动地、有意识地去寻觅生活中的典型事例，多读书，多看资料。平时准备充分，例子的来源充足，上课需要举例时选择的范围就大，能比较容易地找到与教学内容密切相关的例子。平时积累得多，就可以分门别类加以整理，教学举例时就能够使针对性更强。除了把现成的例子原封不动地加以运用外，教师还应当根据具体教学内容的需要有所侧重，必要时对例子进行适当地加工改造，这样，它的效用就能大大提高。

（二）让举例富有创造性

实现举例的创造性，教师要从以下几个方面着手：

1. 增强创造意识

有了创造意识，教师才能对教育方面的新信息、新例子有一种迫切地想要获得的强烈愿望和冲动，才能主动地充实自己，才有可能使每堂课充满新意，气氛活跃，从而提高教学质量。

2. 提高教学的分辨和鉴赏能力

教学中的很多例子是从各种各样的信息中筛选出来的。在复杂的信息中，有正确的、错误的以及是非难辨的信息；有真信息、假信息以及真假掺半的信息；有善信息、恶信息以及善恶难解的信息。在众多的信息中，教师要能迅速地辨清哪些信息可以作为例子使用，哪些信息不能作为例子使用，就必须不断提高对信息的分辨和鉴赏能力。

3. 对例子进行选取和加工改造

首先，教师要积极地多方面搜集例子，对于各种报纸、杂志上能够用于课堂教学的信息，都要仔细阅读分析。有条件的还可以利用多媒体教学手段，现场拍摄、转录，制作一些直观性强的例子，然后再进行加工改造。所谓加工改造，即根据教学的具体情况，认真推敲、比较，抓住核心和精华部分，去掉次要的对课堂教学意义不大的部分。如果有足够的精力，也可以把看到的好的例子记录下来，等到真正用的时候，就有足够的资料可供挑选。通过不断积累，素材就会越来越丰富，讲课时就能信手拈来，使课堂教学丰富多彩。

（三）适应学生的理解水平

要从学生的知识水平、理解能力、生活经历等出发，选用学生容易观察、便于想象的例子，或者亲身经历的事情。这样的例子可感性强，易于理解和接受。所举事例要浅显、贴切、自然、富有生活气息，语言要生动形象且风趣幽默，这样才易于促进学生对知识的理解和集中学生的注意力。若举例用词艰涩，尽管教师们能讲得很卖力，学生还是会不知所云，既浪费时间，又达不到预期目的。

（四）具有适宜的典型性和说服力

所举事例既要在同类事物中具有代表性，便于学生准确又深入地理解观点的实质，又要有启发学生思维，提高学生分析解决问题的能力，达到举一反三、迁移知识的目的。不论哪种例子，都要注意与教学内容的内在联系，能典型地反映出问题的要害和事物的规律。举例要尊重客观事实，具备科学依据，并且原理正确，说服力强。

1．举例要精确

其一是所举事例要言简而意赅，能把握住事与理之间的本质联系，事理贯通，既可使理论具体化，加深学生对理论的理解，又可使学生将具体的事例升华为理论；其二是要明确事例所能说明的观点的范围、条件、程度及其局限性，防止对事例的分析走向极端化与片面化，造成分析不当，贻误学生；其三是所选事例与观点的本质精神要一致。

2．举例要适量

讲课不能没有例子，但也不能一下子举过多例子。课堂教学的一个重要目的是向学生传授知识，而举例仅是一种让学生更快更好地理解和掌握教学内容的手段，不能“喧宾夺主”。否则一堂课下来，学生的头脑里充满了许多具体的例子，却对应该掌握的教学内容没有深刻的印象。

3．举例要贴切

有些与教学内容无关的例子，无论它们如何生动形象，一概不能举；与教学内容虽有关系但联系不太密切的例子尽可能不用，即使要举例也要简洁些，只能点到为止。教师要举例就举与教学内容密切相关的例子，这“密切相关”有两层含义：一是这教学内容非得举这例子不可，不然学生很难理解；二是这个例子最能说明要求学生掌握的知识，换成其他例子均收不到这样好的效果。

（五）具有生动具体的趣味性

课堂上的例子形式要新颖，内容要形象、具体、生动，可感性要强，表述要言简意赅、通俗易懂，教师还应使例子的形式、内容、表述都具有较强的感染力。课堂举例内容要具体生动、形象鲜明，有新奇感，语言要有幽默感，形式要不拘一格，且能激起学生学习的欲望。但要防止为“趣”而设“趣”，勿使学生陷入“看热闹”“听热闹”的状态。

（六）具有时代特征的真实性

当然，举例的前提是例子要真实。只有真实的例子才有较强的说服力，而杜撰的例子，即便编得天衣无缝，也不应该用来说明问题，因为一旦露了马脚，便会使学生产生逆反心理，影响教学效果。教师所举事例，无论是大的还是小的，也不管是国内的还是国外的，是远古的还是近现代的，都要确有其人其事，并且不能过分夸大或过分贬抑。如果教师胡编乱造或言过其实，不仅会影响学生对教材内容的正确理解，而且还会使学生对教师产生不信任之感。因此，一要选择贴近学生生活的新鲜的现实材料；二要选择符合学生认知特点的材料；三是所选材料必须具有真实性。总之，所选材料不能有科学性、政治性、常识性、史实性的错误。举例不但要真实，而且要准确无误，丁是丁，卯是卯，不能含糊不清。对于想运用的例子，如果只是记得大致轮廓，对细节没有把握，那么宁可不用也不要想当然地随机发挥。

随着社会的逐渐发展，当代青少年学生，信息来源渠道多，见多识广，一些众所周知的事情已经不适合作为课堂的例子。教师要广泛涉猎各种报刊资料，从中挑选那些具有时代气息的新颖例子。陈旧单调的例子不易吸引学生，相反，具有时代感新鲜感的事例，可以使学生倍感亲切。如果总是重复学生已经十分熟悉的例子，是调动不起学生学习的积极性的。

六、让讲授成为启发中的顿悟

现在的课堂教学出现了一种不正常的现象，特别忌讳“讲”。很多教师把“少讲”或“不讲”作为平时教学的一个原则，若是碰到评优课、示范课、比赛课，教师更倾向于做到少讲或不讲，想方设法让学生展示，多让学生讲，多让学生活动，还美其名曰“把主动权还给学生”“让学生做课堂的主人”“让学生去探索”。这种做法是真的把课堂还给学生了吗？真正体现学生的主体地位了吗？其实不然。出现这样的问题，最关键的是许多教师把讲授法等同于“满堂灌”“填鸭式”，该讲的没讲，该挖掘的没挖掘，使课堂教学缺少了知识含量，缺少了厚重深度。对于一些关键性的问题和概念，教师不仅要讲，还要启发教学，要讲深讲透，而那些需要学生自己去感悟或操作理解的可放手让学生去尝试。那么，教师讲授时应注意什么呢？

1．少而精的讲授内容

要避免“满堂灌”，教师必须少讲、精讲，以便给学生留足参与学习活动的机会和时间。讲解内容上要紧紧抓住教学重点、难点，在精讲上下功夫。讲授时以简驭繁，酌其精要，语言精当、干净利落。同时，在讲的过程中要引导学生主动地获取知识。

2．适时点拨的启发过程

讲授过程中的点拨也是一门学问。即使教师讲授的内容少而精，也要讲究分寸，不能一下子都“倒”给学生，要不断设置悬念让学生自己去理解探索。教师在教学前要心中有数，教学中要学会“见风使舵”、善于点拨。教师适时地点拨、提示、点化、引导，能够使课堂教学更具启发性。

3．富有情感的吸引力

教师的讲授想要富有吸引力，那就必须讲究情趣，使学生在学习知识的同时得到愉快的情感体验。如果教师的讲授生动活泼、方法多样、有情有趣，就能给课堂教学创造愉悦的氛围和情境。

其次，教师在讲授时，还要正确运用讲授方法，才能收到良好效果。

下面几种讲授法可以参考：

1. 解剖分析法

解剖分析法是一种教师根据概念、原理内部结构的成分、特性和内在逻辑关系，把它们分解为若干个点层，逐点逐层分析，逐步揭示概念、原理的内容与实质，从而帮助学生完整理解和掌握概念、原理的教学方法。例如，讲授教材中“人民民主专政”概念，其定义是：“工人阶级领导，以工农联盟为基础，对人民实行民主，对敌人实行专政的国家政权。”教师可把它分解为三层：①人民民主专政是一种国家政权。②这种国家政权的阶级特征是：工人阶级领导，以工农联盟为基础。③这种国家政权有两个基本职能：在人民内部实行民主，对敌人实行专政。简言之，一是政权；二是特征；三是职能。这样的分解释义，其内涵与外延都很清楚，学生也容易记忆和理解。

2. 具象法

具象法也叫归纳法，指教师引导学生从概念和原理所反映的事物及事物相互关系的各种具体形式出发，从个别到一般，抽出它们的共性，从而把握概念、原理的内容与本质的一种教学方法。如讲哲学上的“物质”概念，具体步骤可如下：

（1）教师先让学生罗列出自然界中各种各样的具体事物和现象：日月星辰、山川河流、声光电磁以及鸟兽草木等。然后引导学生从这些千差万别的事物和现象中，概括出它们的共性：不依赖人的意识而独立存在。

（2）教师再次指导学生罗列出社会领域中的事物和现象：生产活动、政治活动、科学实验等。并引导学生概括出它们的共性：不依赖人的意识而独立存在。

（3）教师接着向学生指出：自然界和人类社会的各种事物和现象，都是不依赖于人的意识而独立存在的，就是说不管人们知不知道、喜不喜欢、承不承认，它都实实在在地存在着，这就叫作客观实在性。哲学上讲的“物质”概念，就是指在人的意识之外，并能为人的意识所反映的客观实在。

这种从具体事实和经验中直接推出事物及相互关系的普遍本质特征的方法，符合中学生的心理特点和认知规律，也同当前中学思想政治课教材的编写思路、方法和特点相符合，有利于教师对概念和原理的教学。

3. 温故知新法

温故知新法是指教师根据知识之间的内在联系和逻辑性，从已知的概念、原理出发，通过判断和推理，引导学生由已知向未知过渡，理解掌握新概念、原理的一种教学方法。这种从已知推出未知的方法，既可降低学生理解、掌握新知识的难度，又能使学生将所学的知识连贯起来，把握知识的完整性及其内在联系。同时，这种方法也符合学生的认识规律，有利于调动学生的潜能，把新知识纳入已有的知识结构之中。

4. 演绎法和变换提示法

演绎法指教师从学生已知的一般概念和原理出发，引导学生运用这个一般概念和原理去认识同其有内在联系的具体概念和原理，从而理解这个具体概念和原理的一种教学方法。简单说，就是从一般到个别的教学方法。

变换提示法指教师根据概念和原理的内容与特点，从不同角度、层次和内在逻辑关系向学生发问或暗示，激起学生积极思考，从而引导学生科学、完整地理解掌握概念、原理的一种教学方法。

5．图示讲授法

图示讲授法是指教师根据概念、原理的内涵、外延、特征和内在的逻辑关系，用图形的方式把它具体形象化，并给予解析和说明，从而帮助学生深化理解和掌握概念原理的一种教学方法。相比文字，图片更直观形象，容易吸引学生注意力，使其产生浓厚的兴趣，教师解释之后，便于学生形象记忆与理解。

6．举例说明法

举例说明法是指教师通过描述、分析，说明具体生动的事例，揭示概念、原理的本质属性及其特征的一种教学方法。简言之，以事明理，它包括正面例证和反面例证。例如讲授“规律的客观性”原理时，教师可通过讲“拔苗助长”的典故来反面例证这一原理。讲完典故之后，可引导学生：那个种田人为什么好心得不到好报呢？生物是否按人们的主观愿望生长呢？然后指出：那个种田人只凭主观愿望，没有遵从事物发展的客观规律来正确对待生物生长，因而受到了客观规律的惩罚。这个典故告诉我们这样一个道理：事物变化发展的规律是客观的，即规律的存在和发生作用是不以人的意志为转移的，它不是人们从外部强加于事物的，也不是人们的意识所赋予的。人们想问题、办事情，不能同规律背道而驰，同时也不能根据自己的意志创造一个客观上不存在的所谓“规律”，或者改造、消灭仍然在起作用的规律，这就是“规律的客观性”原理。

教师在实践中还可根据自己的经验，创造出多种多样的行之有效的具体教学方法。

七、让板书牢牢吸引学生的注意力

如果说，教学是一门艺术，那么，呈现给学生那些看到的、听到的、触摸到的、可联想到的，都需要具备一种美妙诱人的艺术魅力，这样学生才能在启发和引导下积极主动地学习，从而取得最佳的教学效果。

有关研究资料表明，在人从五感所获得的全部信息中，听觉占11%，视觉占83%，其他（触觉、嗅觉等）只占6%。而板书正好弥补了学生“听”课的遗漏，可以吸引学生注意力，激发学习兴趣，加深对教材的理解。好的板书不仅有助于学生对教材的理解和对知识的巩固，而且对启发学生思维、活跃课堂气氛都起到画龙点睛的作用。

想象一下，有哪一个学生可以仅仅依靠“听”来上完一堂课呢？因此，在课堂上，虽然是学生“听课”，但不能只是让学生单纯地听，更重要的还应使学生充分发挥视觉作用，通过视觉去感知板书，通过板书去感知新信息、新材料，调动多种器官了解一节课的知识内容和逻辑关系，使学生获得清晰的概念，并在大脑中留下深刻的印象。

那么，教师应该怎样板书，才能牢牢抓住学生的眼球呢？板书设计应做到精、巧、美，并符合下列要求：

（一）科学性和计划性的把握

板书设计一定要准确、科学。教师的板书要做到准确无误，大小标题的书写要规范，要采用统一的格式。有些教师的板书十分随意，板书内容没有经过斟酌，往往出现词不达意、错别字、大小标题混乱、语言过滥等问题，这些应该引起教育工作者的重视。

板书时，教师还要注意把握好板书内容的顺序和板书的时机，过早或过晚板书都不能起到应有的效果，有的东西在讲前板书，有的边讲课边板书，有的可以先组织学生讨论然后板书，有的可以在讲后总结时板书，总之，板书的时机一定要选好。

虽然课堂教学应该有周密的计划，但是课堂教学并不是一成不变的。由于学生的心理十分复杂，他们在课堂上的表现也往往会出乎意料，教师在备课时很难面面俱到，这就要求教师根据实际情况调整教学的进程，不能再死抱着课前设计好的板书计划不放，要依据实际情况对预先设计的板书做适当的修改、补充，以适应教学的新需要。

（二）系统完整的精炼概括

板书语言要精炼，要提纲挈领。教师板书是为了服从教学的需要，它应该真正地把所讲的核心内容反映出来。板书的内容虽然少，可能只是几个字词或是一两句话，或是简单的一个图形、一个公式，但它是教学内容的高度概括和总结，能反映出教学内容的重点、难点及关键点，使学生看过以后一目了然，容易纳入到自己的认知结构中去。教学中一定要避免教师板书抄课文、学生抄板书和课后背笔记的情况。很多经验丰富的教师，他们的板书安排总是主次分明、层次清晰并且详略得当，他们往往是运用一句话、一个词、一个字或一个图式点出了重点，突出了实质，加深了学生对问题的理解。

同时，板书还要系统完整。在一般情况下，一节课使用一个板面。一节课板书的安排应突出其独立性，应是一个整体，应该反映教材的主要内容。板书要起到概括、提示和总结的作用。

当然，对于不同年龄阶段的学生，板书内容的多少是有区别的。年龄越小的学生学习能力越低，记笔记的能力也就越差。对此，教师就更应该注意板书内容的设计，这对于学生抽象思维能力的发展起着十分重要的作用。

（三）形象直观的启发性

板书是为教学服务的，它有利于学生对知识的理解和全面把握，虽然很简洁，但它揭示了教学内容的内在联系。简单的几句话或几个词语的排列可以看出整个事件发展的顺序，一些简单的图形、符号、数字可以形象地说明问题。

板书应当富有启发性，能使学生的思维活跃起来，使学生积极主动投身学习。切忌由教师一手包办，用教师的主导作用来代替学生在学习中的主体地位。在板书的设计上，教师要用精辟的语言画龙点睛地展现教材内容的整体框架，使学生能从板书上受到启发，引发其思考的积极性。如，有位语文教师在讲授《愚公移山》这篇课文时设计了这样的板书：

痛感堵塞之苦

确知移山之利

深明可移之理

这三句话清晰地反映了整篇文章的结构，学生会从中领悟到“愚公实不愚，智叟未必智”的道理，学生的思维活动也会异常活跃，积极地围绕这三句话来探讨愚公为什么要移山。

（四）美观大方的巧妙设计

板书设计要构思精巧，既要突出重点和难点，同时也要能启发学生积极思考，最好还要具有一定的美观性。很多教师在设计板书时独具匠心，很好地发挥了辅助教学的作用，从而收到了良好的效果。

（五）不拘一格的典型形式

其实，板书设计没有固定的模式，至于一节课的板书应该怎样设计，首先要考虑教材的性质。如文理两类学科教材性质不同，板书设计就有很大差异。其次，要考虑教学内容的特点和教学任务。假如一篇文言文的讲授需用两个课时，大多数教师会安排第一课时把握作者的生平、文章的写作背景和一些生字词，第二课时分析文章的具体内容。两个课时任务不同，板书的设计也就不应相同。最后，要考虑学生的年龄特征和实际情况，不同年龄阶段思维发展的水平不同，注意力的特点不同，板书设计也应该考虑到这些因素。在教学实践中，板书主要有以下形式：

1. 清晰分明的摘录要点式

教师通过对教材内容的分析和综合，概括出几个要点，书于黑板，即摘录要点式。这种形式要点清晰、层次分明，突出了重点，反映了内在联系，便于学生学习，很多教师的板书采用了这种类型。

2. 易于把握的情节情景式

情节情景式，是指依照事件发展的先后顺序或具体情节安排板书。这种板书，往往反映了事情的来龙去脉，使学生能够透过表象把握实质。

3. 属性异同的图表对比式

有些教学内容，要分析一方面与另一方面或是一部分与另一部分的异同，从而更好地把握事物的属性，在板书的设计上就可以利用图表对比式达到目的。

4. 相互衔接的框图连环式

框图连环式，是指把教学要点抽取出来，以框图的形式相互连接，从而突出各要点之间的相互联系或内在因果关系的板书形式。

总之，精妙的板书设计，能将优美的文字、精美的图表和口头讲述融为一体，相辅相成，相得益彰；它会使课堂增色生辉，使学生注意力高度集中，使课堂教学效率大大提高；它能再现教学内容的精髓，创造一种美意盎然的教学情景，给学生以美的享受、情的陶冶和学识的增长。

因此，教师必须重视板书艺术。

八、让评价激励学生的进步与发展

教学即时评价是指在教学过程中，评价者对评价对象的具体表现所做的即时的表扬或批评。即时评价是教学评价的重要组成部分，它以教师的口头评价为主，并且辅以适当的体态语言。教师用好即时评价，对于调节课堂气氛，调动学生的积极性，培养学生的创新精神，发挥评价对教学的管理和促进功能，有很大的帮助。

（一）扬起学生自信风帆的分层评价

学生是独立的个体，他们的知识结构、智力因素、思维发展等方面存在着重大差异。造成这种差异的有先天的遗传因素，也有后天的教育因素，教师没有必要也不应该首先关注学生的知识和能力上的差异，从而把他们进行横向比较。横向比较忽视了学生的基础，也忽视了学生智力因素的挖掘和转化这一动态过程，使许多学生失去发展的信心，自觉永远落后于他人。

在日常课堂教学中，如果教师不注意细节，只用“一把尺”去衡量所有学生的话，那么基础好的学生用不着怎样思考就能回答出问题，这样他们很容易就会变得浮躁起来；中等生可以达到老师的基本要求，却得不到更好的发展；后进生却因总是得不到老师的肯定，而对课堂产生了反感之心。这样，不仅打击了学生学习的积极性，课堂也显得索然无味。

针对这种情况，教师在课堂上要尽量去寻找和发现学生的闪光点，从不同角度、不同层次对学生做出评价，让不同的学生在课堂上得到不同的发展，真正体现“人人都能学好”的教学理念，使每个学生都能在课堂学习中找到自己的位置，对上课产生兴趣。教师对每个学生的肯定和赏识，能拉近师生之间的距离，营造出一种热烈而又轻松和谐的学习氛围，从而激发学生学习的积极性。

（二）激发学生学习主动性的参与评价

传统课堂评价仅仅局限于教师对学生的评价，教师就是课堂评价的“主宰”，因此，学生也就缺乏评价的主动性，缺乏对智慧的挑战和好奇心的刺激。但是这样的课堂其实并不和谐，教师并不是课堂的主宰，不能把自己的评价作为对学生的唯一评价，教师单方面地对学生进行评价有时难免有失偏颇。教师应该把评价的权利交还给学生，让学生在课堂上也参与评价。教师评价、同学评价与自我评价的相互结合，才是学生认识自己的有效途径，也可为学生进行自我修正提供最有力的依据，从而有效地促进学生的健康发展。

让学生开展评价活动是以学生为主体的教育理念的体现。以往的学习评价是教师的事，学生作为被评估的对象，很少参与评价，他们没有评价的主动性，缺乏相应的能力。其实，学生在学习过程中，对自身和同伴的表现有着自觉、能动的反应——尽管程度不同、范围有限，而这些反应往往稍纵即逝。如果学生参与评价活动，这种反应能加强和发展。在学生相互评价的过程中，学生还学会了互相欣赏。因此，课堂评价应融入学生之间的互相评价，体现出多主体参与。

（三）顺应学生自由发展的个性化评价

一般情况下，名师在课堂评价的标准上强化“自我参照”，就是以学生个体原有水平为标准，从知识能力、情感态度价值观以及方法与过程这三个维度入手，综合地去评价学生。评价标准因人而异，学生的表现不求完美，只要有进步就应该给予肯定。这样具有个体性特征的灵活评价，才能促进学生发挥其潜能。

（四）激活学生创造性思维的延迟评价

正常情况下，人们由于受思维定势的影响，新颖、独特和有创意的见解常常会出现在思维过程的后半段。

如果学生发表了一两个见解后，教师就急于做出“对”或“不对”的评判，极易挫伤学生深入探究的积极性，扼杀学生的创新意识和创新精神，助长学生“唯师是从”的依赖性。

一个优秀的教师此时能把握好评价时间的度，合理推迟评价就能让更多学生拥有更广阔的思维空间，使之从不同角度和不同侧面来思考问题并解决问题，最大程度满足学生参与表现的欲望，让他们就问题展开自由的讨论，互相取长补短，形成正确的观点。这时教师再评价并对学生进行必要的疏导，就能使学生主动参与到探究中来，这更有利于培养学生的发散性思维和求异思维以及多向性思维等。

（五）呵护学生探究热情的模糊评价

在课堂教学活动中，结论性的精确评价容易给一些学生增添压力，甚至带来伤害，而模糊评价则可以创设一种自由、轻松和开放的探索氛围，激发学生去探索，去发现，去“再创造”。

“一千个读者就有一千个哈姆雷特。”课堂上学生会对教学内容有各种不同的感觉、想法，尤其是在一些未知领域，此时教师不妨采用模糊性评价。在自主探索学习的过程中，教师对学生的异议要尊重理解，对学生的误见要宽容引导。

评价的模糊性并不等于武断性和盲目性。模糊性主要体现在这样一点上：在制定评价标准时根据学生的行为特点和心理需要粗化条款，在具体的评价标准上使用模糊性的语言，给学生的行为发展留有一定的弹性空间，引导学生自主健康地发展。

评价的目的不应是仅仅给学生一个明确的答案，而应是激起学生创新与思维的火花。教师必须充分把握住每个学生的心理反应，设身处地为学生着想，使学生得到心理安全和心理自由，使他们敢于标新立异、大胆提问，不断产生创新思维的火花，最终培养创新能力。

（六）“以人为本”的美好评价

1．多一些人文关怀

学生学习的态度、情感、心境与教师对学生的评价有着密切的关系。当学生的某个想法得到教师的肯定后，就会体验到成功，从而会继续深入钻研；反之，如果教师对学生与众不同的想法置之不理，学生的学习兴趣就会消失殆尽。因此，教师对学生的每个问题、每种想法都不要轻言否定，而要多问几个为什么，多一些人文关怀，充分挖掘其中的合理成分，并科学地进行指导和评价。在课堂上，教师应积极营造民主、平等的教学氛围，充分关注学生的情感体验，让整个教学过程成为分析、解决问题以及教学相长的互动过程，让学生在师生互动中体验成功的喜悦。

2. 多一些有效鼓励

在课堂教学中，口头评价如“想得多好”“太棒了”“你真了不起”，已成为课堂上师生交流的有效方式，教师这看似平常的话语，却能极大地激发孩子们的兴趣和主动参与的积极性，最大限度地为学生的发展提供空间。这种“低起点、小目标、勤评价、快反馈”的做法，能使学生增强信心，学生最感兴趣，最容易接受。另外，教师满腔的热情、饱满的精神、丰富的情感，也是对学生的评价，教师的微笑、眼神、动作，都起着评价的作用。这类评价简便、直接、有效，虽然没有量表，也无法记载，但对学生的成长起着重要的作用。

（七）催生学生学习动力的赏识性评价

教师不仅要尊重每一位学生，还要学会赞赏每一位学生，赞赏每一位学生的特性、兴趣、爱好与专长；赞赏每一位学生所取得的哪怕是极其微小的成绩；赞赏每一位学生付出的努力和所表现出来的善意；赞赏每一位学生对教科书的质疑和对自己的超越。教师要对学生竖起大拇指，从指责“你不行”转向赞美“你真行”，让学生得到更多的肯定与鼓励，把学生的优点扩大化，从而发挥评价的激励功能，促进学生的发展，帮助学生悦纳自己并拥有自信。

第四章

充分发挥学生的主体作用

第一节 把学生当作课堂的主人

一、确保学生的主体地位

新课程标准明确要求："在教学过程中，要始终体现学生的主体地位，教师应充分发挥学生在学习过程中的主动性和积极性，激发学生的学习兴趣。"要达到这一要求，最有效的方法就是唤醒学生的主体意识，激活学生的参与意识，使学生的主体作用得到充分发挥。

激发学生的学习兴趣，调动学生的积极性与主动性，对于提高课堂教学效率与学生的课堂学习效率来说至关重要。

那么，教师怎样才能确保学生的主体地位呢？关键是激发和增强学生主动学习与探索的信心。

俗话说："兴趣是最好的老师。"只有激发学生的兴趣，才能集中学生的注意力，激发他们主动参与的意识，使他们产生一种内在的学习动力。有位教师在上《用频率估计机会的大小》这节课时，在刚上课就要求学生自己来做阄，其中第一组做 1 到 4 的阄，第二组做 1 到 5 的阄，第三组做全偶数，第四组做全奇数，然后让同桌之间进行游戏，比一比看谁获胜的机会大，并且要求学生解释原因。对于学生来说，从一开始就让他们自己制作，并且还要他们参与进来，让他们带着问题进行活动，给了他们自由发挥的空间与权利。这种形式的教学活动，即使是班级里基础非常差的学生也能积极地参与进来，而且基本上能够把原因解释清楚，这进一步激发学生的学习兴趣。同时，通过学生亲自动手实践得出正确的结论，纠正自己的错误猜测，培养了学生收集、处理数据的技能，提高了动手探索的能力。

除此之外，要想提高课堂的效率，教师必须转变自己的角色，要将自己从以前的主导地位转变过来，使自己成为课堂的组织者和引导者，成为学生学习的合作者。同时，也要转变学生的角色，将他们从以前的被动学习者转变为课堂学习的主导者。

二、发掘学生内在的潜力

【案例】

一天深夜，一个声音将刚满四岁的小女孩从睡梦中惊醒。那个声音持续不断，又响亮又刺耳，十分可怕。透过窗帘，小女孩隐隐约约地看到一个影子在黑暗中移动。她非常好奇，想知道黑暗中的那个声音是什么，来自何方，于是便想象着各种可能的解释。过了良久她悄悄从床上爬起来，向父母的卧室走去，摇醒母亲，喊道："妈妈，有一个天使正在擦我的窗户。"

此时，妈妈虽然睡眼蒙眬，但仍对女孩说："一个天使？太好了。亲爱的，你替我向她问个好。"这位母亲恰到好处的应答不仅没有打击小女孩，还为她的想象力添加了一种新的祝福，鼓励她对自己的想象力充满信心，挖掘了孩子的内在潜力。

这个女孩就是苏·基德，长大后成为一位深受读者欢迎的女作家，处女作《蜜蜂的秘密生活》曾畅销了八十多个星期之久，她所写的女性心灵小说《美人鱼椅》高居《纽约时报》畅销书榜榜首。

学生的内在潜力是多种多样的，当这些潜力探出头时，教师应及时发现并积极给予鼓励和呵护。教师应该起着引导学生成长、挖掘学生内在潜力的作用，帮助他们发挥长处，使其看清自身优势的心灵之灯。

【案例】

新学期开学了，父母又开始关注孩子的学业。我想起了那个调皮贪玩、学习糟糕、任课教师经常告状的孩子，他天天将与网络相关的报纸杂志带到课堂，被没收的就有厚厚一叠。他的母亲也哭着求助教师，可他对学习仍不感兴趣。

糟糕的事情又发生了，这孩子的一份心爱的电脑报纸在上课时又被老师没收了。班主任找孩子谈话：“为什么上课看报纸？”孩子脱口而出：“下一节信息课要设计网上‘浦东一日游’线路，我想查找网站，增加材料。”于是，班主任告诉他，会全力支持他参加学校里设计“浦东一日游”线路的比赛，不过“约法三章”，不能在上课时看课外书报。孩子很快取回心爱的报纸，兴奋不已。

第二天，他的母亲急匆匆赶去告知班主任，晚上回家他仿佛变了个人，上网精心设计了“浦东一日游”线路，半夜传到老师的邮箱，早晨起来还精力充沛。后来的结果让人喜出望外：学校决定采用这条被评为信息课“网上最佳设计”的价廉高效线路；两家少儿报纸几乎同时刊发了以此为题材的“网上游浦东”习作；孩子的学习成绩自此也有所改变。

每个人在某个方面都有其特有的天赋，教师要发现学生的天赋，挖掘学生的潜力，在他感兴趣的基础上加以正确的引导，使他成为一个优秀的人才；相反，如果逼学生做他不愿意做的事，结果肯定会事倍功半。

每个人身上都潜藏着巨大的潜力，只是它们没有被人注意到而已。曾经有一部电影，名叫《万能运动员》。影片讲述了一名教练通过一些幽默、鼓励的手段激发队员的潜力，把一群原本无所事事的乌合之众训练成超级运动员，最终站上了最高领奖台。

虽然这是一部幽默电影，但影片中教练的做法值得学习。教师就如同教练，运动员就是学生，无论面对怎样的学生，教师的首要职责就是尽可能地发掘他们的潜力，使他们快乐地学习，健康地成长。

从某种意义上说，对学生内在潜力的挖掘，使学生内在力量充分发挥，往往就会最大限度地避免学生智力的浪费。那么教师该如何做呢？

1．注重激发、培养学生各方面的兴趣爱好以及学习的热情。对学生提出的问题有问必答，不懂也不敷衍；引导学生感受大自然之美；等等。这个过程就是挖掘学生内在潜力，调动和发挥学生内在力量的过程。

2．及时对学生进行科学的思维方法和学习方法上的引导，使学生能最大限度地充分发挥内在力量。

三、启发学生有效思考

子曰："学而不思则罔。"在现实教学中，我们经常会发现，有些教师也会注意到要让学生思考，但是往往只停留在表面上，不能有效地把学生的思考引向更深的层次，不仅造成时间的浪费，还使学生失去一次极好的训练机会。

比如，课文《在烈日和暴雨下》的结尾有这样一句话：祥子哆嗦得像风雨中的树叶。对于这句话，很多教师在授课时都想到了通过设问让学生去思考，然而他们提出的问题却各不相同，如：

（1）这句话使用了什么修辞方法？

（2）这句话写出了祥子怎样的情态？

（3）请分析这句话的深刻含义是什么？

（4）请结合当时的社会背景和祥子的悲惨命运，谈一谈你对这句话的理解。

分析这几个问题我们就会发现，前三个问题都属于浅层次的问题：第一个问题，不用思考，学生就会知道这句话用了比喻的修辞方法；第二个问题也很简单，祥子当然是又冷又难受的情态；第三个问题倒是有深度，但是学生该朝着哪个方向回答却很不明确，致使学生无法回答；只有第四个问题，才让学生有话说，这样可以把学生的思维引向更深层次，使学生在自我体会中加深对文章主题的理解。

【案例】

师：同学们，读了凡卡回忆的内容我们知道在他眼中，乡下生活是快乐的、美好的，但乡下生活真的像凡卡说的那么美好吗？请再读一读他回忆的内容，并从中找出答案。

生1：其实乡下生活并不像凡卡说的那么美好，文中记叙砍圣诞树这件事时有这样一句话“还跟冻僵的小凡卡逗笑一会儿”，“冻僵”一词说明凡卡当时也很冷，由此看出他很苦。

生2：这一段中还有一处“他想起到树林里去砍圣诞树的总是爷爷”，圣诞节时天气是很冷的，更别说积满雪的树林里了，但就算这样，每次都是年纪大的爷爷砍圣诞树，这难道快乐吗？

生3：我也在这段中找到一句“爷爷冷得吭吭地咳”，看出生活并不美好。

师：刚才大家都从砍圣诞树这段内容寻找，说明乡下生活并不快乐，同学们还能从其他段落找出答案吗？

生4：文中第五自然段写“他一定在跺着穿着高筒毡靴的脚，他的梆子挂在腰带上，他冻得缩成一团，耸着肩膀……”，这里写出了爷爷很苦、很可怜，那么冷的天还得守夜。

生5：还有第四自然段中“他是个非常有趣的瘦小的老头儿”，

这里可以看出乡下生活并不好，如果乡下生活好，爷爷也不会那么瘦小了。

生6：第四自然段还写“爷爷是日发略维夫老爷家里的守夜人”“白天，他总是在大厨房里睡觉。到晚上，他就穿上宽大的羊皮袄，敲着梆子在别墅的周围走来走去”，如果不苦，能生活下去，就不会给别人当守夜人，况且一般人都是白天干活夜里睡觉，而爷爷那么大年纪却只能在白天睡觉夜里干活，他干的是不一般的活，这些都写出乡下生活的苦。

师：凡卡真的太可怜了，真令人同情。那他的信爷爷能收到吗？为什么？

生1：我认为不能，因为文中写信封上只写了“乡下爷爷收，康司坦丁玛卡里奇”，没写清具体的地址，况且也没有写邮编。

生2：也没有贴邮票，没有邮票邮递员根本不会投递。

生3：我认为能，他太可怜了，说不定会发生奇迹呢！

生4：我认为不能，因为文中有这样一句话“邮车响着铃铛，坐着醉醺醺的邮差”，可看出邮差很爱喝酒，整天醉醺醺的，即使写清地址也不能保证信能送到，更别说没写清地址了。

生5：我也认为不能，因为课文最后以梦结束全文，我想它也应该有其深刻含义，意在暗示信是收不到的。

因此，教师在设计问题时，一定要切记不要使问题表面化，如果学生不经过思考就可以回答上来，那么这样的问题只会是表面上的热热闹闹，实际作用只是耗费时间而已。除此之外，还要避免问题的无序性，如果问题使学生不知道从哪一个角度来回答，问题也失去了意义。

四、培养学生主动提问的积极性

中国有句古话："学须有疑，学贵有疑，小疑则小进，大疑则大进，不疑则不进。"但现在的学生普遍缺乏提问意识，不是不敢提问，就是不善于提问，甚至根本就提不出问题。

那么，怎么才能培养和提高学生的提问能力呢？

（一）提高学生提问的积极性

培养学生提问意识的前提是创设一个和谐的情境。学生只有在宽松、和谐、民主和平等的情境中才能思路开阔，主动参与学习活动，提高问题意识。因此，首先教师要充分爱护和尊重学生的问题意识，使学生敢于发问。在课堂上，"今天我们一起来研究""你是怎么想的""跟大家说说你的想法""我们一起来试一试好吗"这样的语言要多用一些。当学生提出的问题比较幼稚或偏离教学要求，引起全班学生哄堂大笑时，教师应该先给予积极的肯定，赞扬学生敢提问的勇气，避免挫伤提问学生的自尊心。

（二）激起学生提问的好奇心

有位教师在讲《中彩那天》一课时，采用了"聊生活，谈课文，产生认识差"的方法。下面是他对上课情景的描述：

一上课我就问学生："同学们，你们买过彩票吗？有没有人中过奖？中了奖心情怎样？"

当同学们兴高采烈地谈完中奖的激动心情后，我倏地话锋一转："大家中了奖都是兴高采烈的，可有人中了大奖却忧心忡忡，你们听了有什么想法？"

"不可能吧！""怎么回事？"的疑问层出不穷，这个反差果然产生了效果，学生互相交流着疑问，目光中充满着好奇。

为了进一步吊起他们的胃口，我故作神秘地说："是啊，怎么会这样呢？要想知道实情，就请同学们打开书翻到《中彩那天》，默读课文的四至七自然段，读完后，你的心中一定会有解不开的疑团产生，只要你大胆地说出来，那你就是今天最棒的学生。”

刚说完，学生们就饶有兴致地读起课文来。没过几分钟，有几只手就高高地举了起来，问题提得准确而又到位，都问到我心坎中去了。比如有的学生问：“中了大奖，父亲为什么还不高兴？”我还没有来得及说话，早有学生急得说开了：“老师，我知道答案。”按我的预想，现在还不到说答案的时候，应该再继续提问。可看他那样积极，我实在不忍破坏他的兴致，就先让他说。得到机会的那个同学激动地说：“我知道父亲不高兴的原因是遇到了一个道德难题。可我还有一个问题：父亲遇到的道德难题是什么？”

听了他的回答，该轮到我激动了，要不是在课堂上我真想过去拥抱他一下，真是无心插柳柳成荫，他说的正是我最想得到的问题。于是我不由自主夸道：“哇，你真是太不简单了，不但解决了同学提出的问题，还提出了一个最有价值的问题，一个最值得我们思考的问题。”我把他的问题写在黑板上，接着说，“下面我们就围绕这个问题展开学习，我相信你们还能像刚才那个同学一样发现更有价值的问题。”此时，受到激励的学生们，一个个跃跃欲试，读书也空前地认真仔细。

（三）拓宽学生提问的途径

学生不善于发现并提出问题，这是因为他们不知道问题来源于哪里。因此，可以让学生观察日常生活中的实例，并在教师的指导下自主提出问题。

【案例】

有位教师在教《三角形的稳定性》时，先让学生观察学校外面正在施工的一幢大楼外墙上的棚架，问：“从这个棚架上你看到了什么？想到了什么？”经过观察，有学生说：“做棚架的竹子都是扎成长方形的。”另一学生立即表示不同意：“不对，你没有看到棚架上还有三角形吗？”他的这一发现让很多同学都产生了怀疑，都纷纷认真地再观察一次，最后都同意了棚架上有三角形的意见，并且表示其他的工地棚架基本上也是这样搭建的。于是，学生就不约而同地提出了同一个问题：为什么搭一个棚架要用上三角形的形状？三角形在这里有什么作用呢？

古人云：“学起于思，思源于疑。”问题是学生主动学习的最初源泉，是点燃学生思维的火花，是学生保持不断探索的动力。教师应树立教为学服务的意识，创设问题情境，激发学生主动参与探索学习的欲望，从而培养学生的提问意识，提高学生的参与意识。

五、把课堂自主权还给学生

在传统的教学模式中，所有的教学活动都是围绕如何教而开展的，学生始终处于“接受者”的角色。这种教学模式培养出来的学生已不能适应当今社会更高、更新的要求了。新的教学标准要求学生在课堂中不仅要接受知识，还要在教师的帮助下积极主动地、有目的性地去探索知识，去实践和发展各种能力。

（一）给学生表现的空间

陶行知先生曾经说过：“处处是创造之地，时时是创造之时，人人是创造之人。”教师的责任不是把学生训练成像同一个模子刻出来的人，而是要让每一个学生都发挥自己的创造潜能，让学生拥有自主表现的空间。

【案例】

记得一次上数学课，我要求学生用量角器量不同角的大小。我刚讲完，没想到一个学生突然跑上了讲台。我想他肯定有什么重要的事情，出乎意料的是，他向我借量角器，脸上露出神秘的笑容。我本来想批评他不遵守课堂纪律，但又想知道原因，于是我爽快地把量角器借给他。没想到他在台前演示用量角器量角时，不光是我还有很多学生，都不约而同地叫出声来：拿反了！原来是他想告诉大家反着量，只要用 180° 减去看到的度数也可以读出度数来。看到那个学生得意灿烂的笑容，我当场表扬了那名学生。后来我再上数学课，那名学生就特别爱动脑筋。

对于学生的创造欲望——哪怕是只有一丁点的智慧火花，我们也必须像母亲呵护孩子一样地去精心保护，多给他们鼓励，少给他们训斥，否则，他们的创造力很容易就会被扼杀在萌芽状态。教师多些理解和宽容，学生就会多些成长和创造。

（二）调换师生位置

孔子说："三人行，必有我师焉！"有些知识学生确实已经掌握，甚至学生的想法比教师的想法更新颖、更独到和更优秀，那就不妨让学生来当"小老师"，老师当"学生"和"助教"。

【案例】

在充分欣赏、交流各式糕点图片后，学生们制作出了各式各样的糕点。

师：你们的作品让老师大开眼界，老师都不知道你们的小手是怎样制作出这些漂亮的糕点的，哪些"小糕点师"愿意来教教我和同学们呀？

（学生纷纷举手）

生 1：我教大家做一种“蔬菜汉堡包”……

生 2：我教大家做一种“三层生日蛋糕”……

生 3：这一种饼干是我自己想的，叫“七色彩虹”，是这样做的……

生 4：我教大家做麻花和面条……

…………

“小老师”边示范边讲解，教师当学生，和同学们一起跟“小老师”学做，顺便做一些帮“小老师”准备材料、展示作品、提醒补充之类的助教工作。

在实际操作中，“小老师”们总是争先恐后地把自己的方法教给大家，而且多有经典之作和出人意料的惊喜。实践经验证明，这样做能充分发挥学生的各种才能，让学生体验成功感，激发学生参与的热情和学习的兴趣，培养和提高学生的创新精神和能力。

（三）做学生的有效引路人

叶圣陶先生曾说：“教师当然须教，而尤宜致力于‘导’。导者，多方设法，使学生能逐渐自求得之，不等待教师授之谓也。”教师要善于激发学生的主体意识，将教育的要求转化为学生的学习需要，将学生的主观能动性充分激发出来，主动、积极地参与教学活动。

【案例】

师：爸爸妈妈时时处处为我们着想，把我们放在第一位。你关心过他们吗？你可知道爸爸妈妈什么时候心情会不好，你会想办法使他们高兴吗？

生 1：我爸爸做生意做得不好，他就会不高兴。

师：哦，爸爸一定是想多赚点钱，让家人过上好日子。你能让他高兴起来吗?

生 1：我说："爸爸，没关系的，我们钱少我就省着点花。"

师：你真懂事，老师对你刮目相看。

生 2：有一次妈妈和奶奶吵架，她们各自在房间睡觉。我就用零花钱给他们买了一些好吃的东西。

师：奶奶和妈妈的矛盾就这样解决了吗?

生 2：没有。

师：其他同学能不能帮她出个好主意，化解奶奶和妈妈的矛盾。

生 3：她可以对妈妈说："奶奶老了，你就让着她点吧。"然后对奶奶说："妈妈比你小，你大人不计小人过，就原谅她吧。"

师：你真会做和事佬。下次你（指生 2）可以用同学给你想的办法去试试。

教师要善于从学生实际需要考虑，放开手脚，把课堂还给学生，使学生真正成为课堂的主人。可以根据学生的年龄特点和认识规律，认真研究，积极探索，找到最适合自己学生的教法。

第二节　师生互动调动学生的积极性

一、让互动与合作成就师生的共同发展

你有一个苹果，我有一个苹果，交换一下，我们仍旧只有一个苹果；你有一种思想，我有一种思想，互换一下，我们就有了两种思想。课堂上的师生互动和交流合作，不但能相互沟通、相互影响、相互补充，让学生获得更多的信息，而且交流过程中的

思维碰撞，往往能迸发出一朵朵智慧的火花。

现代教学论指出：教学是教师的教与学生的学的统一，这种统一的实质就是师生间的互动。因此，构建互动的师生关系和教学关系，是教学改革的首要任务。

（一）兴趣的导入

“兴趣是最好的老师。”学生对感兴趣的事物会乐此不疲，全心投入。有趣的课堂使学生舒心并安心，积极踊跃地发表所见所闻和所感所悟，乐于把自己的理解感悟与他人分享。因此，教师在教学过程中要善于抓住学生的好奇心理，激发学生互动的兴趣。

【案例】

师：小朋友，读了课题以后，你想到了些什么？

生 1：我想到了雨点在池塘里睡觉。

生 2：我想到了小池塘里的水是碧绿碧绿的。

生 3：我想到了小池塘里倒映着许多美丽的景色，有树，有白云。

师：小朋友们说得真好，我们平时就要养成一边读一边想的好习惯。（此时，音乐渐渐响起，多媒体展示小池塘迷人的景色）（声情并茂）瞧，春姑娘来到了小池塘的身边，她轻轻地吹了一口气，小池塘就醒来了……

（学生被教师的描述以及优美的画面深深地吸引了，十分投入）

师：小池塘的景色美吗？（学生迫切地想打开书本读书）赶快打开书本读一读。

（学生自由读书）

在这里，教师首先让学生主动接触课题，大胆想象，产生好奇心和求知欲，接着借助多媒体课件以及自己声情并茂的描述，把学生深深地吸引到课文的情境之中，从而触发了学生的阅读欲望，真正激发了学生与课本之间的互动。

（二）情境的创设

不少学生在学习《古今贤文》时都觉得兴味索然，文字枯燥，然而有位教师巧妙地设计了教学，收到了意想不到的效果：

师：同学们，你们在读的过程中，发现这篇文章与我们以前学的有什么不同？

生1：这篇课文收集的都是古今一些含义深刻的格言警句，读了能使人受到启发。

生2：我发现这篇文章短小精悍，都是告诉我们生活中的道理：第一节的句子说明了遇事要实事求是、深入实践的道理；第二节则告诉我们在日常生活中，要做个谦虚和勇于改正错误的人。

师：看来，你们已初步读懂了这篇文章。愿意挑选其中的一两句话，写在你自制的小书签上，然后送给你的好朋友吗？（师边说边向学生展示自制的书签）

（学生立即兴趣盎然地诵读起课文来，然后在书签上工工整整地写下送给朋友的话，并配上图画，神情极为专注）

师：（待学生加工好书签后）同学们，你们送给朋友的是哪句话？为什么要把这句话送给他（或她）？

生3：我把"孔小不补，孔大受苦"这句话送给逸帆同学。逸帆，其实你很聪明，就是因为你平时上课总是开小差，作业不认真做，学习成绩才下降的。希望你牢记这句话，赶快痛改前非，补好这个"孔"，相信经过努力，你肯定会进入优秀同学的行列的！

逸帆：谢谢你的忠告，我一定会把你的话深深地记在心里！

生 4：我把“满招损，谦受益。自满的人学一当十，虚心的人学十当一”这两句话送给维颖同学。她是我们班名副其实的三好学生，是我们学习的榜样。但自从那次家长会上，她爸爸代表优秀学生家长发言后，最近她放松了对自己的要求，成绩直线下降。我希望她牢记这两句话，做个谦虚好学的人。要知道，“山外有山，人外有人”！

维颖：（手捧朋友赠送的书签非常激动）谢谢！我一定会珍藏这张书签，并把这两句话作为我的座右铭，让它们时刻提醒我，激励我。请老师和同学们看我的行动吧！

生 5：舒欢同学，我发现你总是喜欢一个人静静地待在室内，不喜欢到大自然中去玩耍。我外公曾经对我说过：大自然就像一本丰富多彩的无字书，只有投入到大自然的怀抱，才能学到真正的活知识。因此，我把“近水识鱼性，近山识鸟音”这句话赠送给你。

师：我想，还有许多同学也很想亲自把书签送到朋友的手中。现在，就请大家离开座位，向你的朋友送去一份浓浓的情谊和你对他（她）的期望吧！

…………

师：同学们，当你接到好朋友送给你的这句话的时候，也许会感到不顺耳，但这些都是“忠言”啊！老师把“良药苦口利于病，忠言逆耳利于行”这句话送给你们，让我们一起共勉，好吗？现在，我们来个比赛，看谁在五分钟之内记住的格言警句最多？

（五分钟后，有许多学生竟能把课文背得滚瓜烂熟，连平时记忆力较差的学生也能一口气说上六七句格言警句）

这位教师通过创设“制作书签送朋友”这样一个情境，有效实现了课堂互动，取得了非常好的教学效果。

师生互动是让教师和学生充分参与课堂教学的重要条件，只有师生充分动起来，学生才会在一节课中获得最大的收效。

二、让“意外”收获精彩

课堂上总会出现各种与教师课前预设不相符的意外情况，比如学生没有按照教师的设想配合教学，比如教师讲着讲着串了题，面对这些情况，我们该怎么办呢？

【案例】

今天早上，当我一起床发现下雪了，心中顿感异常兴奋，觉得是该到讲《第一场雪》的时候了，于是就安排了这一课。

我的课堂设计是这样的：

师：同学们，经过将近一年的等待，雪终于又和同学们邂逅了，多么令人欣慰啊！看到这场雪你高兴吗？为什么？

（生谈喜欢的原因）

…………

到了课堂上，我开始按照自己的教学设计提问，学生这么回答：

生 1：不高兴，因为一下雪天就冷，我的手脚就特别容易生冻疮，太阳一出来就奇痒难忍，有时还被冻烂了，又痒又疼。

生 2：我也不高兴，一下雪就容易结冰，人容易摔倒。去年我奶奶就因为在雪地里走路摔倒了，腿摔骨折了，结果在床上整整躺了一个冬天，可难受了。

生 3：一下雪，路上一结冰，地就很滑，还特别容易发生交通事故，我就亲眼看到过这样的事。

生 4：我也不高兴，因为我本身比较胖一些，一到冬天穿上厚厚的棉衣就显得更胖了，走起路来特费力气，别人也嘲笑我。

（思考：怎么办呢？学生怎么会这样想呢？这可是我备课时所没有想到的。课前只是想着学生嘛，毕竟是孩子，孩子的天性就是爱玩，雪就更不用说了。所以，我只想着学生都会说高兴，并未想到学生会说不高兴，还说出了这么多不高兴的原因。怎么办呢？顿时我感到有些手忙脚乱，一时不知该如何接着往下讲。为了给自己争取一些解决问题和找到办法的时间，我只好又接着往下问）

师：同学们，刚才这几位同学都说看到下雪不高兴，是不是其他同学也都不高兴呢？

许多学生：不是。

师：那就说说自己为什么高兴吧！

生 5：下雪了，我们就可以在雪地上堆雪人、打雪仗了，还可以溜冰呢！

生 6：下雪了，农民伯伯的庄稼就有希望丰收了。因为有句谚语叫“今冬麦盖三层被，来年枕着馒头睡”。

生 7：我很高兴，因为经过近一年的等待才看到雪，真是太稀奇了。

生 8：我也很高兴，因为我是冬天生的，一下雪就说明我就要过生日了。

生 9：我也很高兴，刚才不是有同学说一下雪天气冷，容易冻手脚，不喜欢雪吗？那我告诉你一个用雪治冻手脚的偏方：将雪装到一个密封的瓶子里，到第二年夏天时再拿出来，倒在手脚上反复揉搓，这样手脚就不会被冻伤了。

生 10：就是，我也听奶奶说过，用辣椒煮的水洗洗也能治冻伤。

生 11：用白菜熬的水泡泡洗洗也行。

生 12：用麻雀的脑汁擦擦也治。

生13：用鸽子屎抹抹也行。（学生哄堂大笑）

师：同学们说的偏方可真多，那请手脚冻伤的同学回去以后选一种自己喜欢的偏方试一试，说不定还真能治好呢！有时候小偏方可以治大病的！

倘若这位教师课上没有给学生表达的机会，偏方也不会在课堂上出现了；倘若课上学生都异口同声说看到雪很高兴，也不会出现这意外的精彩了。课上得成功，都源于学生的意外——“不高兴”。没有“不高兴”就不会有后面的精彩。是“不高兴”这个动态生成演绎了“偏方”，更演绎了精彩课堂。

灵活的处理将一场“意外”化为了一节精彩的“偏方”课。

课堂是动态的，它会不断出现令人意想不到的事情，当意外出现的时候我们是置之不理，还是牵强附会？不同的教师会有不同的处理方法，但如果每位教师都能抓住意外并灵活机智地有效运用，意外一定会转变为精彩！

三、有效激发学生对问题的兴趣

学生是学习的主体，所有的知识只有通过学生自身的“再创造”活动，才能被纳入其认知结构中，才有可能成为有效的和用得上的知识。而要想使学生能够进行“再创造”活动，首先就必须使他对课堂上的学习内容感兴趣。

（一）故事情境的创设

故事特别容易引起学生积极的情感体验，诱导学生的求知欲望。它能激活学生已有的知识经验，使学生在积极情感的支持下，积极参与认知活动。在教学过程中，我们要注意创设故事情境，让学生在故事情境中学习知识并体验知识的价值。

【案例】

师：有一位国王很喜欢下棋，棋艺也很高。一天他贴出了一张告示：谁能战胜国王，就奖励给他一块土地。一个聪明的年轻人来揭了榜，经过较量，果然战胜了国王。可是，国王想耍赖，拿出一块羊皮说道："用这块羊皮去海边，你能划去多大的土地都归你。"一块羊皮的面积实在太小了！聪明的年轻人苦思冥想，终于想出了一个好办法，那就是把羊皮剪成细细的羊皮条，再用羊皮条去圈地。那么，该怎么圈地，聪明的年轻人得到的土地面积才最大呢？

（随着教师富有感染力的解说，同学们的注意力高度集中，思维非常活跃）

生 1：正方形的面积最大，围成正方形。

生 2：圆的面积更大，应该围成圆形。

生 3：应该利用海岸线，围成半圆，这样面积肯定最大！

师：既然大家各自的意见不统一，那我们很有必要通过计算刚才大家提到过的图形面积来确定结果。那好，这节课我们就来学习平面图形的面积吧。

…………

这样的情境不仅促使学生主动地搜索有关正方形、圆、半圆等的知识，而且激发了学生对于如何计算这些图形面积的兴趣，使学生产生了应用数学知识解决实际问题的迫切感，印象深刻，久久难忘。

（二）精心巧设引发学生的好奇心

在课堂教学中，必须精心设问，巧于提问，尽量引发学生的好奇心，让学生多思，鼓励学生去发现问题，大胆发问。

如有位教师在讲“查找与替换”一节课时，设计了两个问题：

1．这篇文章中“的”字出现了多少次？第十次出现在哪里？

2．想把文章中的“计算机”都改为“电脑”该怎么做？把“病毒”两个字都改为“隶书，红色，加上着重号”又该如何做？

这两个问题的提出，使学生开始思考，积极性被调动起来，打开了思维的大门。在学生用以往所学的知识不能很好地解决问题时，这位教师及时地进行了点拨讲解，起到了指点迷津的作用。

又如教师提问:“版面设计哪种样式好看呢？我总是琢磨不定，哪位同学能给我以启示？”

这种问题情境的设立，激发了学生的好奇心和好胜心，大家纷纷发表自己的见解，起到了启发思考的作用。

此外，还可以利用学生好胜的心理在关键处设问，“这样还是不能说服我，让我下决心，还有其他更好的理由和样式吗？”促使学生不满足现状，集中注意力积极思考，让他们通过主动思考学习新知识、新规律。

四、放宽对学生的限制

在课堂上，许多教师不知不觉就给学生套上了枷锁，同时也给自己和这个课堂套上了无形的枷锁，令双方都非常疲倦。要想让学生在课堂上积极配合，教师就要像放风筝一样，把他们送上蓝天自由飞翔；在起风时又能及时收线让他们回到陆地，给他们营造一个自由宽松的环境。

【案例】

学校的新机房建好了，学生们一个比一个高兴，因为终于可以不用为等待开机和重启浪费时间，不用为蓝屏和死机郁闷恼火了，终于可以感受一下飞速上网的感觉了。于是在机房投入使用的第一节课，他们就迫不及待打开浏览器搜索小游戏。我看着他们那投入的劲儿，不忍打断他们，可是作为老师，身处课堂，我还是让他们马上关闭了游戏。可是这时候学生上课的心思一点都没有了，而且有抵触情绪，这时候如果讲课就会没有效果。于是我就告诉他们，老师仔细讲，你们认真听，谁先完成任务且保质保量，你就可以有十分钟的游戏时间，这时大家的兴趣来了，都让我快点讲，好让他们快点做。结果只用了不到三十分钟的时间，大部分学生都完成了教学任务，而且听讲认真。看来做什么事都需要动力。

在以后的课堂中，只要教学任务完成，我都会给学生留下五至七分钟的自由活动时间，他们可以玩游戏，查看新闻等。在这个过程中，他们自己学会了使用搜索引擎，学会了下载图片、文字、歌曲和软件，而这些是他们升入更高的年级才要学习的技能。

兴趣是最好的老师，只要我们正确引导，放宽对学生的限制，让他们充分发挥，就能达到事半功倍的效果。

在许多教师的眼中，认真听讲和遵守纪律的学生就是好学生，而那些大胆质疑、经常提出问题的学生未必是好学生。这种教育模式在很多时候压抑了学生好玩爱动的天性，结果使本应生动活泼的教育变得死气沉沉，原来充满想象和创造热情的学生，变得墨守成规、沉默死板。

【案例】

一个星期四的下午，我感觉头有点晕。接下来是二年级的音乐课，这个班级是全校最活跃的，进教室时我很担心几个调皮的孩子会不会在这节课给我出“难题”。上课前我和孩子们说了情况，大家像小大人那样理解着我，着实令我感动！我告诉大家今天是一节欣赏课，大家多说说，老师听着！我开始给大家播放《加伏特舞曲》。一开始大家都很认真地听着，我静静地观察着，有些同学的脚还随着音乐轻轻抖动，有些同学闭着眼享受着音乐。突然，在一片音乐声中，传来两声鸭子叫——“嘎嘎”。我皱了皱眉头：唉，还是开始了。这下可好，两声鸭子叫，引出两声猪哼哼，又引出青蛙叫、小鸟叫、母鸡叫。这下教室里就俨然是一个动物园了。那领头的“小鸭子”见我不动，得意地离开了位置，学起了鸭子走路，不过我观察他还是很和着音乐节奏的，可这时音乐却结束了。

师：（佯装生气）为什么大家听着听着学起了动物叫，还学着动物走路？是不是存心破坏课堂纪律？

生1（“小鸭子”）：不是的，老师别生气！我觉得这音乐里面好像有一大一小两只鸭子。鸭妈妈在前面走，小鸭子在后面跑。

生2：不对！我觉得是小猪在吃午饭，它吃得很香还直哼哼！

生3：我认为是小青蛙在池塘边捉害虫。

生4：老师，我觉得这个音乐可以用来跳舞。

众生：对！对！对！可以开一个动物舞会。

生5：不对！我觉得不是在跳舞，是在劳动。就像七个小矮人在深山里劳动。

师：哦？那你们为什么觉得音乐里是在跳舞，在劳动？

生6：它们有弹性啊！一蹦一跳的就是在跳舞。

生7：它们会变花样，很好听！

生8：老师！老师！它们一会儿快一会儿慢，我爸爸种田时就是这样的，而且我听出来他们劳动还是很开心的。

师：你们真能听出来，他们很开心吗？

生9：当然，小猪吃午饭当然开心啦！

师生：哈哈哈……

“海阔凭鱼跃，天高任鸟飞”，在课堂上教师只有充分发挥学生的个性和特长，在不该规范的地方不予规范，使学生的身心不受条条框框的限制，才能让他们学得自由，学得轻松，同时也让自己教得舒心。

五、让课堂表演成为一种愉悦的精神享受

表演，是学生喜闻乐见的一种自主学习方式。恰当地运用表演，不仅可以加深学生对课文内容的感悟和内化，还能活跃课堂气氛，使学习成为一种愉悦的精神享受。因此，教师可以根据课文的特点，精心设置课堂表演环节。

常见的课堂表演有以下几种形式：

（一）再现式的表演

这种表演适用于故事情节简单的课文，如《登山》。《登山》写的是列宁登山看日出两次走过靠近深渊的小路的一件事。课文中有一段关于通上山顶的小路非常艰险的描写，教师要求以黑板为“峭壁”，以小板凳为“小路”，各小组选出一名学生上台进行表演，看谁能更准确地表现列宁当时的神态和动作，带给人身临其境之感。随着表演在反复进行中的逐渐到位，学生无疑对列宁自觉锻炼意志的精神有了更深层次的感悟。

（二）综合式的表演

这种表演适用于故事体裁的课文，课文中清楚地交代了时间、地点、人物、事情和环境等，而且内容很丰富，情节很完整，人物的个性非常鲜明。在学习这种课文后，可以让学生进行综合性的表演，让学生全身心地投入到课文的不同角色中去，体验不同人物的个性，再现故事情境，从而充分发挥学生的潜能，培养学生的想象能力。

【案例】

师：下面两节就是写他们到森林去的情景，这两节写得非常精彩。请仔细阅读，等会儿请几个小朋友来表演。要想演好必须读好。

（学生认真读书之后，老师请五名学生分别戴上老虎、狐狸、小鹿、兔子、野猪头饰）

师：其余的同学都来当导演，导演更了不起。各位导演看看狐狸和老虎，想想谁在前，谁在后，为什么？请读书，根据书上的要求指导。

生1：狐狸在前面走，老虎在后面走。因为书上说了："再往狐狸身后一看，呀！一只大老虎。"

生2：图上画的狐狸在前，老虎在后。

师：这两位导演读书很认真——那小兔啦，野猪啦，应在什么地方？

生3：他们在森林深处，要站得远一点。

师：看来同学们把课文读懂了，你们都是出色的导演。下面请一位小朋友朗读第七、八两节，由五位扮演动物的小朋友表演。

（一位学生朗读，"狐狸"在前面大摇大摆地走，"老虎"在后面东张西望）

师：（问"老虎"）你东张西望什么？

"虎"：我看看动物们是不是怕狐狸。（众笑）

（"狐狸""老虎"继续往前走，"小兔""小鹿"等一见"老虎"，"呀"的一声撒腿就跑。）

师：（问"小鹿"）你为什么跑？害怕谁？

"鹿"：我怕的是老虎。

师：不是怕狐狸么？

“鹿”：谁怕它呀！（众笑）

师：同学们，不，各位导演们，对他们的表演有什么意见吗？

这类表演有很高的教学价值，它调动和调节着以情感需要为核心的一切心理和生理因素，把认识与创造、对美的追求与体验、张扬个性与健全人格统一起来，十分有利于学生整体素质的提高。

（三）创新性的表演

教师创设一个情境，引导学生自由联想，使学生可以根据自己的所学和理解来尽情展现情境的内容。

喜欢表演是学生的天性。从课堂实践看，学生的表演欲特别强，他们喜欢表演，渴望表演，把表演当作一种游戏。表演让课堂形式多样，气氛活跃，同时也提高了教学效率，使学生在享受乐趣的同时，更轻松地掌握了教学内容。

第五章

灵活有效的课堂组织与管理

第一节 善于驾驭课堂

一、掌握课堂交流的主动权

课堂教学的过程，是师生之间双向交流的过程。在这个过程中，师生之间的合作是十分重要的。在师生合作上教师应处于主导地位，要调动学生合作的积极性，要在学生不合作时使其态度尽快转化，使整个课堂教学的过程气氛和谐融洽，最终使得师生之间配合默契，合作顺畅。然而，教师上课时碰到学生恶作剧的事情时有发生，教学过程只好中断；有时教师分析了某一问题，学生却发表反对的意见，师生各执一端，僵持不下；有时学生的看法与教师有分歧，教师批评或责怪学生，学生不服，议论纷纷，课上不下去；至于教师提了问题，学生不愿回答，或回答不出，或答非所问的情况，更是几乎每节课都会遇到的。这时师生之间往往出现一种尴尬局面，使师生之间的交流产生障碍，课程进行不下去。作为一位教师，到底该如何掌握师生交流的主动权？如何缓和课堂气氛，使师生之间的交流能排除障碍顺利进行？如何化不利因素为有利因素？

（一）“自制——冷静——引导”

苏联教育家赞可夫说：“教师这门职业要求一个人的东西很多，其中一条就要求自制。”当学生捉弄人的事情发生时，自制就显得特别重要了。善于自制才能使自己冷静下来，进而采取恰当的引导方式，使事情得到妥善的解决。

【案例】

教师第一次走上讲台，发现黑板上竟画着她的夸张头像。学生们哄堂大笑，教师感到很难堪。但一会儿她就冷静下来了，好像什么事也没有发生过，她诚恳而平静地说："画得多好啊，确实像，希望这个同学继续发展画画这个特长。"然后开始讲课，下课铃响了，课还没讲完，她惋惜地说："可惜时间不够用了。"课后，女教师还邀请这位同学利用课余时间给她作画。

教师难免会遇到类似的事，此时，首先要在心里提醒自己：我是人民教师，教育学生是我的责任。要以教师的职责压抑将发作的脾气，待心情平静下来，想好了解决的办法，再平心静气地和学生说话，事情就会处理得较好。当黑板上出现了谩骂教师的语句时，当学生顶撞教师时，当个别学生无理取闹时，请试用一下"自制——冷静——引导"的公式。

（二）热情地鼓励学生发表相反的意见

有位教师进行《故乡》一课的公开教学，听课的教师云集一堂。他分析《故乡》里景物描写的作用时说："我认为作者在这里是要渲染一种气氛：荒凉、萧条、冷落。如果不是这样写，而是写故乡鸟语花香，行吗？"一位学生当即举手发言："我认为写鸟语花香也可以，只要写出人物心情的不高兴就可以了。而且这样衬托，作用就会更强烈。"这位教师和蔼可亲地笑着听完了这一相反的意见，然后充满激情地说："对！对！你比老师高明！这种手法叫反衬，在写作上是一种'乐景写哀'的方法，同学们脑子里有许多老师没有的东西，这样讨论讨论，的确能集思广益。"

（三）冷静善诱并解除师生间的分歧

师生之间由于年龄、水平和经历的不同，对事物的看法、对事情的处理方式、对问题的认识与分析或理解等都不可避免地有所不同。此时教师不应简单粗暴地否定学生，更不宜批评或指责他们，而应让学生充分发表意见，然后有针对性地解答和诱导，使师生的意见趋于一致。

有位教师上公开课时询问学生是否喜欢这篇课文，不少学生竟异口同声说："不喜欢。"听课的教师大为惊讶，这位教师虽也感到意外，但笑着说："不喜欢？那就请你们说说不喜欢的原因吧！"学生纷纷发言，她不断问道："还有别的原因吗？"直到耐心地听完五名学生的发言，她才说："还有别的意见吗？没有了？同学们敢于大胆直率地发表意见，很好，这种风气要坚持，发扬……这篇是回忆性的叙事散文，大家没有接触过，一下子看不出其中的奥妙，所以会不喜欢。叙事散文有叙事散文的特点，这篇散文托物言志见精神，许多段落写得别有意味，推敲推敲，你们就会喜欢了。"

（四）抓住"育人"根本，抑制对学生的不满情绪

教师提了问题，学生却回答不出来，这恐怕是每位教师都会遇到的情况，然而，有的教师处理这样的问题时，往往只考虑自己的教学进度和课堂时间的安排，因而不自觉地流露出不满、焦躁的情绪。如果着眼于"育人"呢？教师的做法可能就不一样了。

有两位教师在课堂上都遇上了怯场的女学生，回答问题结结巴巴，不得要领。两位教师所采取的态度和方法却迥然不同：一位把手一挥，说："你坐下吧，别浪费时间了！"另一位耐心地听她讲完，以后又点名让她回答了几个简单的问题。后来，这名学生居然主动举手，圆满地答出了一个很难的问题。这时，教师要求全班同学热烈鼓掌祝贺她的成功。

不同的做法，迥异的结果，值得教师们深思。第一位教师感到学生影响了自己的教学进度和时间安排，表现出厌烦和不满，置教育对象怯场的特点、心情于不顾；而第二位教师则着眼于教

育的对象，发现她怯场、不敢说话时，就想方设法让她勇敢起来，变得敢说。这位教师以耐心的倾听表现出对学生的尊重，以简单问题的提出使学生得到鼓舞，还以掌声肯定学生的进步，使之保持和发扬。我们可以从中悟出：在传授知识和培养人才这二者中，“育人”是根本，是教师一切言行的着眼点和出发点。

师生交流时遇到各种障碍或阻力的情况还有很多种，在此不能一一举例分析。但克服障碍的关键，在于教师要着眼于“育人”，抓住了这一关键，解决问题的办法则是灵活多样的，课堂气氛自然也就生动融洽了。

二、合理制订课堂的规则

课堂规则不止包括学生守则及班级公约和奖罚制度等显性的成文的规章，也包括上课仪式、座位编排及教学惯例等隐性的不成文的规定。如果前者制订不合理或执行不到位，就会引发学生的不满从而导致师生冲突；而后者则在无形中影响师生交往和沟通，是引发课堂教学中师生冲突的更为隐蔽的可能性因素。制订课堂规则是为了维持良好的课堂秩序，也是为课堂氛围的和谐稳定提供制度上的保证。

首先来看课堂规则的制订。很多课堂规则是由学校领导、教师或班干部等少数人单方面制订的，对大多数学生来说，它是外部环境对自己强加的要求，因此，课堂规则本身就可能遭到学生的抵制。如果规则制订者考虑不周，让某些学生感到不公平或不适用，就更容易引起他们的不满，不仅无法起到规范课堂的作用，还可能适得其反，引发学生的抵触情绪，导致师生冲突。另外，很多课堂规则都只是单方面对学生的行为做了规定和限制，没有同时向教师提出相应的要求或进行必要的约束，这一做法一方面使某些教师放松了对自己情绪及言行的控制，有可能造成因教师不尊重学生或随意发泄情绪而产生师生冲突的后果；另一方面，教师欠约束的行为也会引起学生的质疑和不满，虽然大多数情况下，这些不满并不会直接表现出来，但学生可能以其他的方式对教师的行为进行抵制，如故意在课堂上跟教师作对，造成师生冲突。此外，如果作为规章制度的课堂规则不够清晰明确，文字模糊或有歧义，在课堂上出现某些意外的时候，规则本身也可能成为师生争执的焦点。

【案例】

教师安排学生四人一组合作学习，找多音字。学生讨论十多分钟之后，教师宣布每个小组推选一名代表来回答两个多音字。由于每个小组只能有一个人来回答，而大家都想做这个回答者，所以，有的小组就开始用“石头、剪刀、布”的游戏来决定回答者，有的就由擅长演讲的学生来回答，还有的由学生干部来回答。

在轮到第三组的时候，被推选的回答者A学生和未被推选的B学生同时站起来，都要回答。教师为了不伤B学生的积极性，就想了个办法，让两人每人回答一个多音字，两人回答完后，满意地坐下了。接下来，事情就出乎了教师的意料。因为受到前组的启发，很多想回答但是没有得到“资格”的学生，也开始站起来和有“资格”的学生一起回答，变成了两个人同时回答问题。先前的规则被改变了，教师没有什么表示，仍然按照两人每人回答一个的做法来继续活动，到了倒数第二组的时候，同时站起来了三个学生，他们都想要回答问题，其中C学生说，他们组本来决定由D学生来回答，后来看到可以由两个人回答，就和E学生通过“石头、剪刀、布”来决定第二个回答名额。C学生赢了，但是E学生还是要回答，就也站起来了，并振振有词地说：“B

学生（指第三组的那个没有‘资格’的学生）可以，我为什么不可以？”教师有点为难，但想了想说：“E学生这样积极回答问题，教师就奖励你回答一个多音字吧！”课堂提问还在继续，但很明显，前面已回答过的一些小组的学生都在遗憾：“自己怎么没有像B和E那样勇敢地站起来回答呢。”

在上面的案例中，师生之间在“每组只能由一个学生来回答问题”这一课堂规则上产生了冲突。由于教师单方面制定了规则，没有征询学生的意见，所以，该规则在执行的过程中很快就遭到了学生的质疑和破坏——两个学生同时站起来都要回答问题，此时教师也没有严格维护和遵守自己刚刚制定的课堂规则，而是对学生的“违规行为”做出了妥协，并最终导致了该规则的无效和课堂秩序的混乱。在这种情况下，虽然师生之间没有明显的正面对抗和交锋，但隐蔽的师生冲突确实存在着。令最后很多同学都无心听课，后悔自己没有勇敢地站起来回答问题。

其次，即使课堂规则是全体师生共同制定并承诺遵守的，如果执行的时候出了问题，同样有可能引起师生冲突。低年级的学生来说，爱玩爱动是学生的天性，所以，即使课堂规则是经过他们自己讨论制定下来的，也难免会出现一些违规的情况，这在规则刚刚开始执行的时候表现得更为明显。这时候，如果教师没有足够的耐心，不能理解孩子的这一心理特征，帮他们纠正不良的行为习惯，而是简单粗暴地批评他们言行不一或不守规矩，那么师生之间就可能产生矛盾冲突。有些孩子可能因此受到打击，丧失信心和积极性，自暴自弃，不再遵守课堂规则，甚至故意违规，有的孩子可能会对课堂教学完全失去兴趣，“身在曹营心在汉”，形成一种隐性的师生冲突。但如果教师因此就不严格执行课堂规则，或者在执行规则的时候不能一视同仁，而是偏向某些学生的话，也会使学生无所适从，使课堂规则形同虚设。对于那些自制力还不够强的孩子来说，没有了约束，他们在课堂上就更容易违纪，更容易产生师生冲突。

请看一位学生的自述：

我觉得有时候老师对学生不能一视同仁，所以，学生就产生了忌妒心理，就跟老师作对。应该让老师用同样的态度对待每一个学生，学生就不会认为老师是故意挑自己的毛病，而且，老师应该用一种恰当的方法来对待犯错误的学生，而不应该直接刺激这个学生。虽然有的时候老师是无意的，但是学生就以为老师是故意的，所以也故意跟老师作对。

再看下一个案例：

上课铃响过之后，一男生从外面匆匆跑过来，推开教室门就往里冲。“站住！”听到教师一声喊，他顿时停下来，教师瞪了他一眼，不高兴地说：“真没礼貌！上课来晚了，也不知道喊报告？”该生愣了一下，然后转过身走出去，关上门，喊了一声“报告”，再从门缝里探了个脑袋进来，侧脸看着教师。教师不屑地说：“现在喊报告已经晚了，先出去站一会儿吧。”该生先是一脸疑惑，既而变为不满，干脆一甩门，跑了。

该案例中，教师告诉学生“上课迟到了要喊报告才能进教室”，但当学生按照这个规则来做的时候，教师还是不满，出尔反尔，令学生不知所措并感觉自己受辱，从而产生了师生冲突。

除了上面所说的明确制定的规则之外，课堂上还有许多不成文的制度，例如上课仪式、座位排列或教师教学惯例等，这些制度在无形之中也影响着课堂上师生之间的交往和沟通。以座位排列来说，一般教师在排座位的时候都会考虑到优差搭配、男女搭配、动静搭配等，但有些教师也会有特殊安排。例如不少教师会在教室最后排或者最前排的角落里甚至是讲桌旁边设置专座，专门留给班里那些最难以管教的学生。那些学生坐在这些位置上，常常就被“自然而然”地贴上了标签，成为教师上课时重点关注的对象。一旦课堂上出现了纪律问题，教师最先想到的常常是这些“专座”上的典型学生。有些教师不了解具体情况就直接批评他们，甚至在言辞中带有讽刺和歧视，造成师生冲突。还有些教师按照学生考试成绩的高低让学生自己挑座位，这样成绩不好的学生就感觉受到了歧视，可能故意在课堂上挑起事端，以示抗议。

此外，一些教师甚至将学生的座位安排与其家庭背景相联系。例如有位家长发现自己孩子坐在教室角落几个月没换过，侧面调查之后才知道教室里的座位是“有说法的”：前边是留给调皮捣蛋的学生的，后面是留给那些守纪律但学习差的学生的，中间留给那些家长有权势的学生。家庭背景对于某些阶段的学生来说是个敏感问题，如果教师将其和座位排列相联系，一方面很容易引发学生情绪甚至行为上的抵制，挑起师生冲突，破坏课堂气氛；另一方面也伤害了学生的心灵和尊严，不利于他们的健康成长和正确价值观的形成。

三、让看似“形乱”的课堂“神不乱”

教师在教学中，会遇到课堂秩序“乱”的情况；在听别的教师讲课的时候，也会看到课堂秩序“乱”的现象。如果全体学生紧紧围绕着一定的教学目标，带着明确的学习任务，即使“乱成一锅粥”也不要紧，这说明学生学习很投入、很主动，思维很活跃，学习方式是个性化的，这时候的“乱”，恰恰是教学的“高潮”所在，是教学的最大成功。

【案例一】

师：同学们好！看看外面的天气，看看课本，今天我们学哪一篇课文好呢？学生纷纷向外张望，七嘴八舌，议论纷纷。

生（大部分）：老师，学《雨点》吧！

师：好！今天老师就和小朋友们一起学习《雨点》。（板书课题）

师：（提议）全体起立，说一声谢谢天公作美，帮我学习课文。

（学生全体起立，在笑声中齐喊：谢谢天公作美，帮我学习课文）

师：拿起课文面向窗外，大声地、尽情地、美美地读几遍课文吧！看谁能把雨点逗笑了。

（生齐读课文）

师：（微笑着拍了三下手）雨点雨点下吧，小朋友们停下。

师：小朋友们读得真好！老师听见小雨点都笑了。大家静下来，侧耳细听，是不是小雨点在笑？

（教室里顿时一片寂静，学生们屏住呼吸静静地听）

生1：老师，我听见了小雨点在小声地笑。

师：是吗？谁还听见了？

生2：老师，我也听见了。

生3：老师，我也听见了。

师：别和老师说，和你周围的小朋友说一说。（学生互相说，有说“哈哈笑”的，有说“嘿嘿笑”的……）

（突然有一位学生举起手）

生4：老师，我怎么听不见呀？

师：是吗？可能小雨点笑的声音小，你听不见。下课后，你可以打着伞站在雨地里听一听，一定能听见。好吗？老师也希望大家都到雨中去听雨点的笑声。

师：（放半盆水在讲桌上）老师这里准备了个“池塘”，咱们到教室外面看看雨点是怎样在“池塘”里睡觉的。

（学生走出教室，站在楼道里。老师把水盆放在院子里，任雨点落入盆中）

师：雨点落进“池塘”里干什么去了？

生：（齐声）在“池塘”里睡觉。

（师蹲在雨中，慢慢地让水流出来，在院子里形成“小溪”）

师：雨点落进“小溪”里干什么去了？

生5：在“小溪”里散步。

（师让水流得快了）

师：（指着流动较大的水）雨点落进“江河”里干什么去了？

生6：在“江河”里奔跑。

（师把水全倒出来，成了一片“海洋”）

师：（指着“海洋”）雨点在“海洋”里干什么？

生7：在“海洋”里跳跃。

师：小朋友们真聪明，老师问什么你们都知道。

（师生回到教室）

师：小朋友们闭上眼睛，想象刚才的情境，再读几遍课文。

师：小朋友们看一看，小雨点给我们带来几个生字呢？抄一抄，写一写，让小雨点看一看，是不是难住了我们？

…………

【案例二】

我去听了一位男教师执教《我的油布伞》一课。这篇课文很感人，表达了深厚的母子之爱。但在我听课的过程中，我始终感到学生似乎游离于课文之外，学生的学习很不投入。当教师播放课文的配乐朗读音频的时候，我发现不少的学生没有认真地去听，去欣赏和体会课文之情：有的学生在窃窃私语，好像在谈论别的事情；有的学生在用彩笔涂描书上的插图，还有的学生竟跟着音乐轻轻地哼起了小曲……接下来，教师让个别学生朗读最感人的几节文字，当一位学生读错了字的时候，全班竟响起了窃窃的笑声和一片嘈杂的议论……

课后，我拉过一位同学询问："'母亲'费尽千辛万苦，为'我'买了一把油布伞，你觉得感人吗？请实话实说。"

他好像还没回过神来，最后吞吞吐吐地说："我……我想……买把雨伞也是应该的，不怎么感人……"

从第一个案例中可以看到，尽管课堂秩序很"乱"，很不"规范"，学生的发言随心所欲，地点也由室内"乱"到了室外，显得不像一节"正规"的课，但全体学生学习积极性很高，情感很投入，思维很活跃，学生始终围绕着一定的教学目标在活动，因而每个学生都能得到充分的发展，这是一节成功的课。而在第二个案例中，虽然教学秩序没有"乱"到第一个案例的那种程度，但学生的注意力是分散的，情感是很不投入的，大家各忙其事，身在教室心在外，最后的教学目标也没能很好地完成，因而给人很"乱"的感觉，这种教学是不成功的。

为什么会如此呢？这是因为教师在课前没有很好地研究学生，对学生的内心世界没有充分了解，表现在课堂上就是学生的内在体验没有被真正唤醒，学生的情感没有充分调动起来，大部分学生没能很好地进入课文的情感世界。尽管课文很感人，但对于现在的学生来说，母亲为自己买上一把小小的雨伞，真可谓再正常不过的事了，能有什么强烈的感受呢？在如此的心理状态下，想要学生深刻体会课文所要表达的浓厚的母子之爱，看来是很困难的。

教学秩序的“乱”并不可怕，关键要看“乱”的是什么？“乱”在哪里？在一定教学目标之下的“形乱”而“神不乱”，学生才能得到充分的、积极主动的发展，这恰恰是教学最大的成功。

第二节　灵活组织课堂

一、让课堂规则更加明确

为使课堂教学顺利进行，就必须有良好的课堂教学秩序。要保持良好的课堂秩序，就必须建立制度化的课堂规则，来规范学生在课堂中的行为。

课堂规则的内容是多种多样的，几乎涵盖课堂的所有方面。通常设置的课堂规则有：

1. 按时上课，不迟到，不早退，不随意缺课；
2. 听到上课铃响，立即进教室，准备好书籍文具，静待上课；
3. 课前要预习，课后要复习；
4. 按排定的座次入座，不可私自随意调换座位；
5. 上课和下课时随班长或值日生的口令而起立或问候，向教师表示敬意；
6. 课前课后，值日生做好教室清洁工作，要擦净黑板，整理好讲台；
7. 提问和回答问题要先举手，经允许后才能起立发言，语言要清楚且简洁；
8. 上课专心听讲，勤于思考，仔细观察，不看无关的书籍，不做无关的事情；

9．保持课堂内外整洁，不乱丢纸屑杂物，不随地吐痰；

10．按时完成作业，做到独立思考，书写整洁，字迹清楚，格式规范；

11．尊敬教师，注意礼貌，关心同学，相互帮助；

12．离开座位时，走动要轻声，不妨碍他人；

13．进出课堂要依照次序，保持安静，不影响他人学习；

14．保持正确的看书写字姿势，注意用眼卫生；

15．因特殊原因迟到者要向教师报告，因事因病无法上课者应请假。

制订课堂规则一般遵循以下的原则与要求：

1．课堂规则应符合四个条件，即明确、合理、必要和可行；

2．课堂规则应少而精，内容表述以正向引导为主；

3．课堂规则应通过教师与学生的充分讨论，共同制定；

4．课堂规则应及时制订与调整。

课堂规则形成的方法是多种多样的，主要有：

1．自然形成法

将原来已经存在并被广泛认可的常规加以具体化，形成课堂规则。

2．参照制定法

教师或者学生发现其他班级的某些良好行为规范正好是自己班级所需要的，于是师生共同讨论，参照制定为课堂规则。

3．引导制定法

将原本不存在或没有引起注意的常规引申为课堂规则，让大家共同遵守。可以先由教师设计某些规则，交由学生讨论后形成课堂规则；也可以先由部分学生提出建议，经学生讨论和教师许可后形成课堂规则；还可以在师生共同的课堂活动中，针对某些具体的情形、问题讨论制定，形成课堂规则。

4. 移植替代法

将其他课堂中好的规则直接移植过来，作为要求本班学生遵从的课堂规则，或者用来替代原来不合理的规则。

需要注意的是，课堂规则和程序一旦建立，教师就要仔细监督学生的行为，要求学生严格遵守。

二、适度干预学生的不当行为

【案例】

班上有一个很调皮的学生，上课总爱捣乱，尽管我教育过他很多次了，他依然我行我素。一次，上体育课时他参加了短跑比赛，身材瘦小的他夺得了第一名，看着他高兴的样子，我便借此机会对他说："×××，你体育成绩这么好，如果你文化课也学好了，岂不成了全班的榜样？"他不好意思地低下了头。后来，他慢慢地改掉了上课捣乱的毛病，有一次考试竟考了八十多分。

课堂上总会有爱捣乱的学生，尽管教师采取了各种方法，但他们还是做小动作，说悄悄话，不听讲，在纸上乱画或玩手机等。这些事情并不严重，但是扰乱了课堂秩序，而且并非每种情况都能采取上面的办法来解决。面对这种情形，教师该如何处理呢？

我们一起来看看下面这几种比较典型的情景：

情形 1：在你的课堂上做其他科目的作业。

你在讲台上起劲地讲着，学生也都在认真地听着，这时，你发现有些学生正在忙着做其他科目的作业。

情形 2：传递纸条或接发手机信息。

你正在上面讲课，结果却发现两个学生正在传纸条，或者是有同学在底下偷偷地用手机发信息。

情形 3：随意讲话。

你在上面讲课，他（她）在下面讲话，甚至同时对许多人讲，而且声音还很大。

…………

以上这些情形，相信大部分教师在课堂上都曾遇到过。那么，该如何处理呢？

面对情形 1 的学生：

1. 直接让学生把其他科目的作业收起来，使其注意力回到你布置的任务上。

2. 不要没收学生其他科目的作业或课本。在这样的情形中，这种严厉是没有必要的，反而会对其他教师的教学造成消极影响。

面对情形 2 的学生：

1. 让他们将纸条或手机收起来。一般情况下，学生都很担心自己的纸条或手机上的内容被其他人看到，因此，他们会立即按照你说的做。

2. 不要看手机或纸条上的内容，因为纸条或手机上的内容并不是给你看的。否则，你就侵犯了学生的隐私并使他们感到尴尬。有些教师甚至将纸条或手机上的内容大声读给全班同学听，这样做是在滥用教师的权利，会引起学生的反感。

3. 反思一下为什么学生有时间和机会在你的课堂上“传纸条”，也许你应该改进你的管理模式或者教学计划来预防这类问题。

面对情形 3 的学生：

1. 在他（她）讲话时适时加以提醒或劝导，但是不要训斥和体罚学生。

2. 下课后，将学生叫到走廊上，私下和他（她）谈谈不尊重教师的行为对你和其他同学的影响。记住，你的目的是解决问题而不是增强对立情绪。因此，要采取解决问题的态度。

3．与那些随意讲话的学生达成协议，告诉他们你愿意听取他们的意见，但是他们应该和你私下谈并且态度要礼貌。当你采用这种友好的方式时，你就给了学生一个以积极的态度面对你的机会，同时也让他们学习了怎样以积极和礼貌的方式来面对以后的课堂。

4．当学生表现良好的时候，表扬他们。如果你这样做了，那么你就让他们注意到了什么样的行为是你希望的。

综合以上建议，我们得出的结论是：

当学生在课堂上做出“不当”的行为时，教师要坚持适度干预原则，做到“无痕管理”。对课堂上发生的问题，教师要尽量在最小范围内，以最简单快速的方式来解决，尊重学生的人格和隐私，同时注意反思自己的讲授技巧。

当然，“无痕管理”是最理想的，但是在很多情况下，教师还是不得不中断教学解决问题。即使在这种情况下，教师也应尽量处理得简洁，把对全班的影响减到最小。

三、妥当处理课堂上的冲突

【案例】

有一年我接了一个新分的高一班，刚开学半个月，那些学生所有的毛病都暴露出来了，迟到早退、无故旷课、上课睡觉和上晚自习说话……什么样的问题都有，针对这种情况我和几个班委制定了班规，但是总有学生不遵守，而且这些学生养成了一种特别坏的习惯——不尊重老师，经常顶撞老师。那段时间我真可谓费尽心思，心里也有些烦躁。有一次，我一进教室就看见有个男生换了座位，而且是班上平时最不遵守纪律的一个男生。我们的班规明确规定：不经班主任允许不能私自换座位，他竟然……我脑海里马上出现他最近总是违反纪律的那一幕幕，我顿时火冒三丈，平时在书上看到的那些“班主任遇到学生犯错误要冷处理”之类的话早就抛在脑后了，我生气地问：“谁让你私自换座位的？难道你不知道班规吗？快点换回去！”“我不想换回去。”他理直气壮地说。“为什么？”“没什么，下课再说行吗？”他语气有点不耐烦。我看他没有一点认错的态度就更生气了，当时就很严厉地批评了他。直到他换回原来的位置为止，再看表，二十分钟已经过去了，所以那节课的内容也没有上完，我自己也挺不高兴。事后有一天，那位同学找到我说：“老师你说话都不算数，你经常说不要让我们和老师在课上发生正面冲突，有什么事可以下课到办公室反映，那为什么你还要在课上那样对我呢？而且其他同学的时间也浪费了。”

这句话我现在想起来还是那么清晰。是啊，如果我当时听了他的话，课后问清原因再指出他做错的地方，也许他就不会用那种态度对我了，后来我找到那位同学向他郑重道了歉，他不好意思地说：“老师，您别这样，其实是我不对在先，我以后一定遵守纪律，不让您操心了。”从此以后他真的做到了。

课堂上的冲突很多，主要有师源性冲突和生源性冲突。事实上，课堂冲突并不都是由于学生的问题引起的，有许多是由教师的行为引起的，例如有的教师课堂节奏过慢，喜欢拖堂；教师的教学方法不得当，引起学生的反感；又如教师的言行让学生感觉到不安，在学生犯错误时，教师不会设身处地地为学生考虑，只是一味地指责和埋怨；再如教师在处理问题时偏颇，诱发了学生间的矛盾，也容易激起学生对教师的不满……像上面的案例就属于师源性冲突。

一般课堂上的冲突会有以下几种，对它们的处理需要具体分析，仔细斟酌。

1. 粗鲁的课堂行为

有的学生言辞举止粗鲁，对教师傲慢无礼，这时教师切忌发怒，要平静、果断地处理，使学生无法再闹下去。比如教师可以严肃坚定地告诉学生课下留下谈话，而无须对具体问题做出回答，然后恢复全班的秩序。如果学生继续发难，教师要先将其安抚下来，待课后解决问题。

2. 不听教师的话

如果学生不听教师的话，蔑视教师的权威，全班学生在目瞪口呆的同时也想知道这样做的后果。此时，教师必须冷静、果断和从容地解决。

3. 学生之间的打斗行为

学生之间的打斗是常见的，尤其是在课后，遇到这种情况教师要喝令他们住手（其实他们也希望找到不失面子而停止的借口）。教师平静而果断的喝令和制止，通常可以平息事态。制止打斗后，再找时间与他们谈话，了解原因，彻底解决问题。

课堂管理是构成教学活动的不可忽视的重要因素。赫尔巴特曾说："如果不坚强而温和地抓住管理的缰绳，任何教学都是不可能的。"然而一些教师采用的方法却是不妥当的，他们在遇到上述情况时要么气急败坏、暴跳如雷，要么麻木不仁、熟视无睹。这样做的后果，就像赫尔巴特说的那样是放掉了管理的缰绳，导致课堂运行不畅，最终必将严重影响课堂教学效果。

四、寻求宽严之间的平衡

成都武侯祠有一副对联，上联是：能攻心则反侧自消，从古知兵非好战；下联是：不审视即宽严皆误，后来治蜀要深思。这副对联赞扬了诸葛亮执法严谨，审时度势，实事求是，宽严结合的方针。作为一名教师，在向学生施教时，也有必要借鉴一下这副对联给我们的启示，把握好课堂中的“宽”与“严”。

【案例】

我接手的五年级（3）班是学校出了名的纪律差的班级，开始任该班英语老师时，我怀着没有教不好的学生的信念，每天充满热情、满脸笑容地走进教室。可是结果并不是我想象的那么乐观，孩子们根本不买账。因为以前的英语老师整天板着脸凶巴巴地对待他们，而今他们觉得这个老师不凶，便开始“逍遥”了。接下来的日子我还是以之前的信念坚持着，可班级的状况不但没有改善，孩子们反而更加疯狂，只有语文、数学学科的课堂纪律与学习态度稍微好一些，而对待其他课，根本不把老师说的话放在心里。这时，我在想，完全以温和的态度对待学生不可行。于是，我采取了相反的措施。

我开始每天板着面孔，用命令的口气对孩子们说话，做错事情严肃处理，这样的方式在初期实行时好像还很管用。但是，这样的方式把孩子们震住了，同样也带来了诸多麻烦，孩子们上课也不爱回答问题了，更不爱参加课堂活动，整个班级没有生气。孩子们好像每天都心事重重，害怕自己犯错误。我又审视自己的管理方式，看来严厉的管理办法不能用在学生身上。于是，我便找他们谈心，了解他们需要什么样的方式；找爱起哄的学生聊天，同时，在班级举办“每月之星”评比活动，把表现改善最大的学生定为明星，在班级表扬并重奖；在学生们的作业本上耐心地写下鼓励的话语，并指出其薄弱的地方；经常与家长保持联系，让家长了解孩子的学习状况。每次进教室我还是饱含热情，但该严肃的时候我还是严肃起来；对于做错事情的学生，我还是严肃处理，但下课之后还要专门找该生谈，让他自己找出自己的不足与改进的方法；尽量多留在教室和学生在一起，了解他们的思想与需求；同时，还利用班会时间进行思想交流……

这样坚持了两个多月，孩子们的情况有所改善，虽然英语课上还是存在诸多不足，但我看见了孩子们的进步，看见了他们对我的理解。

对于学生在课堂上的一些与课堂要求背道而驰的行为，教师既不能置之不理、放任自流，也不能锱铢必较、有过必究。过宽和过严都是课堂管理的大忌。作为一名合格的教师，要想成为一个优秀的课堂管理者，就必须有所创新，在宽与严之间求得平衡。

那么，教师如何才能使课堂管理宽严有度呢？

1．要严而有度

学生“亲其师”才能“信其道”，对待学生，教师要严中有爱，严中有度，严中有循循善诱。教师的“严”要符合学生身心和谐发展的规律，只有这样，学生才能接纳教师或认可教师，并遵循教导。苛刻的要求反而会给学生造成心理压力，让他们产生逆反心理。

2．公平和公正

同样一个错误，不能因为它发生在一名优等生身上就抬手放过；而发生在一名差生身上就一看就烦，劈头盖脸就是一顿批评。这样处理很容易导致学生口服心不服，对教师充满抱怨，甚至产生逆反心理。教师在课堂管理上一定要谨记：在任何事情面前，孩子都是一样的，“一视同仁”是教师工作的标尺。

3. 科学性和艺术性结合

同样一件事情，有的教师布置，孩子就乐意做；而有的教师布置，很多孩子就“噘着嘴”做，这里面充分体现了教师课堂管理的科学性和艺术性。有的教师在这一方面的能力非常欠缺，让学生难以接受。这些教师必须注意提高自己在这方面的能力。

清代的冯班曾说：“师太严，弟子多不令，柔弱者必愚，强者怼面严，鞭扑叱咄之下，使人不生好念也。”孔子也说：“温而厉，威而不猛，恭而安。”凡事过了头，都会走向反面。我们在课堂管理上也是同样如此，因此做到宽严有度是极为重要的。

第三节 课堂细节管理

一、怎么对待学生走神问题

某个班级中有几名学生，上课的时候老是走神，在班主任提醒几次后，仍不能整改过来。其中一女生从进校时的班级第一名退步到期末时的倒数第七名。这几名同学家庭都比较正常，也没有单亲家庭。他们的共同特征是，上课到一定的时候（十分钟或三十分钟）就会感到疲惫，大脑里一片空白，有时，看着眼前的橡皮，脑子里就只有橡皮，完全听不进教师讲课。即使看着教师也是发呆，脑子里总会冒出一些乱七八糟的事，自己也无法控制。

注意力不能集中，或者叫走神，是指学生不能使注意力长久而稳定地集中在学习任务上，在学习过程中经常分散甚至转移自己的注意力。对于较低年龄的学生来说，上课走神是个正常现象，通常他们的精力集中超不过二十分钟，除非教师的授课很吸引人或能发动学生的自主参与意识。

那么，怎样才能让学生在课堂上不走神呢？

1. 让学生思想提前进入上课状态

教师可以提前来到教室，做好课前准备，使学生进入上课状态。

2. 及时给予信号，并靠近提醒

教师目光直瞪着讲话、开小差或做小动作的学生，突然中断授课并凝视他，让他警醒，或拍拍他的肩膀。此法主要是针对那些故意走神的学生，他们知道自己的做法是错的，会被教师批评，因此会不时地看老师的脸色。教师瞪几眼就可使他们放下手中的小玩具或课桌里的小说回到课堂上来。此法优点是不影响课堂教学，不影响其他同学的思路。

3. 提出问题，并特别关注已经走神的学生

教师可根据当时的授课内容，设计几个问题，点名要求走神的学生起来回答，把他从"幻境"中拖回现实。这种学生十有八九回答不上问题，这时教师恰当地说几句"用心听""要集中注意力""不要走神"，再让他坐下，就会达到目的，让学生从"忘我"回到"知我"。

4. 玩笑法

教师发现走神的学生后，若讲课的内容允许，不妨和学生开个玩笑，让学生们来个哄堂大笑，这样既可活跃课堂气氛，也能使走神的学生在笑声中清醒过来。有一位语文老师在讲《驿路梨花》时，一位叫小新的学生打瞌睡，不时地低下头去，这位语文老师便说："我们的小新同学也想做个梦，见见助人为乐的梨花姑娘，同学们看是不是？"全班同学扭头去看，哄堂大笑，小新从梦中惊醒，课堂气氛也得到了活跃。

5. 采用活动的教学方式

在课堂上结合教学内容多组织一些有意义的活动或训练，如分角色表演、朗读等，让学生积极参与，既体现其主体性，也能

使走神的学生及时回过神来。

6. 及时表扬与批评

课堂上，对认真听的学生和不时走神的学生做出反馈性的评价，可以使认真的更认真，而走神的学生也能及时调控自己的注意力。批评学生不到万不得已不要用，因它直接中断了教学，客观上会令教师和学生的情绪不能及时回到教学上来。批评法主要针对那些不仅自己走神，同时严重影响其他同学的学生。采取批评法，可以当堂提示，也可以课上点名课后批评。

其实，避免学生课堂走神最根本的方法，是教师真正地把课堂教学变成艺术，坚决不用“满堂灌”或者“一言堂”。教师多在学生学习兴趣上下功夫，注意授课的方法，充分调动学生的积极性，让学生主动去学，这才是治标又治本的好方法。

有位教育学家说：“学生成绩好与成绩差的关键在于课堂。”此话有一定的道理。学生一天的时间中，除了吃饭睡觉，其他时间大多是在课堂上度过的。如果学生在课堂上注意力集中，能跟上教师的思路积极思考，认真回答问题，学习成绩就会好；反之，注意力不集中，经常开小差，成绩就差。让学生在课堂上集中注意力，在学生走神时既不影响教学，又能及时纠正，是每一个教师都需要认真研究的。

二、如何面对打瞌睡问题

【案例】

上课不久后，坐在最后一排的丁同学想打瞌睡，为了不让教师发现，就悄悄地将自己的头部伸进了平时用来放书包的课桌空抽屉里，睡个痛快。快下课时，丁同学突然发现自己的头“抽”不出来了。因为怕教师责备，他没有出声。下课铃声响了，随着班长一声“起立，向老师致礼”，教师发现，坐在最后一排的丁同学没有站起来，于是走到他的桌旁，这才发现这既危险又可笑的一幕。

几位教师围着丁同学和课桌一时无从下手。后来，一位男教师到保卫室借来锯子，然后小心翼翼地把桌角上面的两个“榫头”锯掉，掀开桌面。一番努力后，丁同学的头这才出来，只见他大汗淋漓，平时调皮捣蛋的他一句话也说不出来，既紧张又懊恼。

教师在课堂上讲得口干舌燥，而下边有些学生却昏昏欲睡，更有甚者，像上面案例中的这个学生，竟然把自己的头“睡”到课桌抽屉里抽不出来，这是每一个教师都不愿看到的现象。面对这种情况，该怎么办呢？

很多教师采用的办法就是让学生站起来或者站到教室后面听课，脾气大点儿的教师要么当堂把学生批评一通，要么干脆把这些学生赶到教室外面去，不让他们听课。其实，我们稍微想一想，就会发现这些处理方法都是不合适的，因为这些方式都是治标不治本的。

学生上课打瞌睡的原因，不外乎有这样几种：

（1）晚上睡眠不足，或疲乏。

（2）教师讲的课不精彩，难以吸引他们的注意力。

（3）个人缺乏竞争意识，不知道知识积累的重要性。

（4）个别教师对于学生上课睡觉现象的处理方法不合理。

当然，也可能还有其他方面的原因，下面就来谈谈几种应对的方法：

1. 给予良好的建议

对于学生晚上睡眠不足的情况，教师可以建议学生合理安排休息时间，晚上不搞“疲劳战”，早睡早起。中午小憩一二十分钟对于整个下午的上课状态也起着很关键的作用。有些学生喜欢上网，放学后长时间泡在电脑前，以致影响了第二天上课，教师也要给他们建议：适当地上网对知识面的扩展是有好处的，但如果晚上上网时间过长，影响了睡眠，就会影响第二天听课。一般来说，学生对于很多事都会有比较正确的辨别能力，教师把这些话说到位了，他们还是会认真考虑的。

2．提高讲课水平

如果是因为教师上课讲得不精彩而导致学生上课睡觉，那教师就应该好好提高自身业务水平了，就应该认真地钻研自己所教的学科。相信每个教师在当学生的时候也遇到过这样的情况：有的教师讲的课很精彩，学生老是盼望上他的课；而有的教师讲的课就像是催眠曲，令学生昏昏欲睡。这需要我们认真地分析自己，有针对性地进行调整。

如果是因为知识面不够广，知识之间缺乏联系，那就在平时多下功夫，积极地扩展自己的知识面。除此之外，教师还要对其他学科尤其是心理学、教育学方面的知识有一定了解。总之，在知识方面要“食五谷杂粮”。如果是因为缺乏恰当的授课技巧，那就多听听有经验的教师的建议，学学讲授这门课的窍门，看看他们是怎样把课给上好的，取人之长补己之短。最重要的是要探索出一套自己的教学方法，既把课给上好，又上出自己的风格，这样就不愁学生不爱听了。

3．做到对每一位学生的认真负责

有些教师看到学生在自己的课堂上睡觉，刚开始还会有一些处理措施，时间一长，就干脆来个“井水不犯河水”：我讲我的课，你睡你的觉，你爱听不听，随你的便，我把上课任务完成就行了。这不但对于正在睡觉的学生是一种不负责任的行为，而且还会让其他学生感到教师并不在乎有几个人在听课，对他们这个班不够重视。这样必然导致上课的效果大打折扣。所以，教师一定要认识到：一些不恰当的处理办法对于学生的误导作用是极大的，只有了解这些误导作用的危害性，才有可能去想较为合适的处理办法，进而有效地优化课堂授课效果。

4．激起学生的竞争意识

如果学生缺乏竞争意识，体会不到积累知识的重要性，那就找一些有代表性的例子（当然最好是靠知识成功的）来激发学生学知识的欲望，同时找一些反面教材也是很有必要的。在日常的教学过程中，教师可以多举办一些竞赛类的活动来提高学生的学习兴趣，对于学生的进步要多给予鼓励，全方位地培养学生的竞争意识。只有这样，才能激发学生的学习动力。

5．给学生适当休息的时间

有时候，可能由于各种原因，学生实在是困得很，根本无法听课。如果班上有三分之一的学生出现了这种情况，教师可以把课停下来，让学生趴在桌上休息一会儿。短暂的休整之后，学生又精神了，课又可以继续了。

当然，还有其他诸如开窗通风、学生互相逗趣等方法，在课堂允许的情况下，加以灵活运用，能达到事半功倍的效果。

当然，以上所列只是权宜之计，根本的办法还是要保证学生的睡眠时间，提高学生的学习兴趣，使学生成为学习的主人，只有这样，课堂打瞌睡的现象才能从根本上得到改变。

三、调动学生发言的积极性

【案例】

伴着悠扬的上课铃声，教师兴致勃勃地走进课堂。

…………

“哪位同学能给我们说一说，你对文中的这句话是怎么理解的？”教师面带微笑地提问。

…………

“没关系，大胆一点。”教师继续鼓励着，但心里有些着急。

…………

“没有人知道吗？”教师的双目扫视着全体学生，此时的他多么希望有同学能举起他可爱的小手啊！

…………

“这句话说明了……”教师终于放弃了，刚上课时的那份激情已消散得无影无踪。

许多教师都有过这样的体验：上课只要是问学生问题，哪怕十分简单都很少有学生愿意开口。是他们都不懂吗？不见得，因为往往问的问题并不难。那为什么学生会拒绝回答呢？

学生在课堂上不发言，一般有以下几种原因：

1．不敢发言

有些学生天性腼腆、胆小怯场，缺乏在课堂上发言的勇气；或者发言的积极性曾受挫，心有余悸。

2．不能发言

一是答不出提出的问题，问题对其来说有难度；二是没有思考问题，上课心不在焉，对教师的问题置若罔闻。

3．不愿发言

这类学生要么是习惯使然，知而不答；要么是不配合教师，懒于应对，心理上和教师有些隔阂。

4．不屑发言

这类学生往往觉得问题太简单，缺乏水平而拒绝回答。

那么教师应该怎样调动学生发言的积极性呢？

（一）包容并尊重学生

有研究表明，学生不发言有74%的原因是畏惧教师。这就需要教师不管在什么情况下都要保持良好的情绪。学生答得精彩，为他喝彩；答错了或者说出令教师尴尬的问题，要克制住情绪，绝不能表现出不满和急躁，也不中途打断制止他，要笑脸相待，想方设法启发他。实在答不出还要安慰鼓励他，消除他因为自己没答出来而产生的心理负担。

特别是后进生，为了举一次手，短时间内不知内心颤抖过多少次，拳头捏过多少回，终于鼓足勇气举了手，偏又答错了。如果这时教师板着面孔说一句“错了，坐下”，他会感到无地自容，自尊心会受到极大的伤害，以后也许再也不会举手了。所以，教师要和蔼可亲，尊重学生。

（二）增强学生的自信心

学生只有树立了信心和勇气，才能进入平稳、正常的思维与语言过程，从而大胆举手，积极发言。因此，要提高学生发言的积极性，首先要在培养学生的自信心上下功夫。尤其是对胆怯型的学生，教师更要多加鼓励以增强他们的自信心。

【案例】

有位教师在上《孔繁森》一课时，提了一个问题：“为什么说孔繁森是一位优秀的援藏干部？”一个平时很腼腆很胆小的学生悄悄地举起了手，教师发现后用鼓励的目光叫他站起来回答，他答道：“因为孔繁森对孤儿非常好。”虽然回答得很不全面，但可以看出来这名学生还是知道答案的。此时，这位教师不是简单地指出他回答中的不足，而是进一步启发他思考，怎么把话说得完整通顺。最后那个学生做了如下补充：“孔繁森像对待自己的亲生儿女一样抚养三个孤儿，为了替他们交学费，不顾自己的身体，悄悄地上医院献血。”当他回答完以后，教师和同学们对他报以热烈的掌声。有了这次体验，这个学生的自信心增强了，从此克服了以前回答问题时容易紧张的心理障碍，最终成了班里发言的积极分子。

（三）营造宽松的课堂气氛

宽松和谐的课堂气氛是师生情感交流的必要条件，它能使学生轻松愉快并自觉主动地参与思维和理解等智力活动，激发学习的兴趣，从而大胆发言。因此，在课堂上，教师要注重沟通，营造民主、宽松与和谐的课堂气氛，调动学生发言的积极性。

【案例】

一次，有位教师上写作课《记一次活动》，和学生一起在教室里进行了有趣的“贴鼻子”游戏。轮到教师贴了，学生把他的眼睛蒙上，然后让他左转三圈，右转三圈，结果教师转得头晕晕的，把“鼻子”贴到眼睛中间去了，学生们乐不可支。由于有了教师的参与，这堂课自始至终十分活跃，学生也遵守纪律。当教师提问时，大家争先恐后地举手，发言积极性极高。

4．利用高分激发学生追求成功

教学实践中，我们可以发现，即使是成绩差的学生也十分注重分数，一旦拿到了高分，欣喜若狂，在那段时间里，精神状态很好，学习劲头较足。所以，教师应该趁机多一点鼓励，给学生创设成功的情境，激发学生追求成功的信念和力量。心理学表明：一个人只要体验一次成功的喜悦，便会激起再一次追求成功的希望。

【案例】

我班学生一谈到朗读，为难情绪就浮于脸上，只有几个人举手。有一次我特意喊了一位差生，这个学生结结巴巴地读完了，其他学生哄堂大笑。我说："如果要打分，猜一猜，老师给他打多少分？"有的学生说打五十分，有的学生说打六十分，还有的学生打四十分。我发话了："老师给他打八十五分。"学生们先是一惊，随后议论纷纷。"这位同学能战胜恐惧，能鼓足勇气，这种精神多伟大，该打八十五分，下一次我还要打九十分。"我表扬道。这个八十五分犹如涓涓清水流入了他的心田，调动了他的朗读积极性，树立了自信心。从此以后，这位学生以及全班学生朗读兴趣十分浓厚，水平逐渐提高，课堂上个个跃跃欲试，气氛十分高涨。

除此之外，教学中要调动学生发言的积极性，教师还可以改善课堂教学设计、提问方法和艺术等。只要教师在教学中不断地反思、总结和提高，课堂就会变得积极活跃起来。

四、巧妙解决偶发事件的方法

课堂教学是师生之间的双边活动，由于学生知识水平、兴趣爱好以及性格特点等方面各有差异，加之外界环境的影响，课堂上时常会出现一些令人头痛的偶发事件。当它们发生时，教师该如何进行处理呢？

由于事先无法预料课堂教学中的偶发事件，所以，教师在应变时必须因势利导，随机应变，方法技巧应随着具体情况的不同而有所差别，不能机械地照搬某一种模式。下面就简要谈谈，面对课堂上的偶发事件时的一些应变策略。

（一）以爱心感化

苏霍姆林斯基说："教育，首先是关怀备至地、深思熟虑地、小心翼翼地触及年轻的心灵。在这里，谁更有细致和耐心，谁就能获得成功。”我们常常发现，偶发事件经常发生在一些后进生身上。后进生的自尊心强，同时自卑心理较重，他们十分渴望得到教师的信任和尊重，即使有了差错，也希望得到原谅。作为教师，应坚信每个学生都是可以教育好的。在处理“偶发事件”时，要注意把严肃和善意的批评、信任、鼓励结合起来，把“尽量多地要求”与“尽可能多地尊重”结合起来，切不可感情用事，简单粗暴地处理，以免激起师生之间的矛盾，造成师生之间对立情绪的激化。

（二）因势而导的正确趋向

所谓“势”，是指事情发展所表现出来的趋向。处理偶发事件时，要注意发现和挖掘事件本身所表现出来的积极意义，然后顺势把学生引向正路，或逆势把学生拉向正轨。

【案例】

刘老师接手了一个“差班”。上第一堂课的时候，她刚把手伸进粉笔盒掏粉笔，突然触到一个冰冷湿滑的东西，吓得她尖叫一声。大家一看，一条中指大小的冬眠水蛇，在倾倒的粉笔盒边蠕动，原来是班上几个调皮大王害怕刘老师集中火力整治他们，合计着要先给刘老师一个下马威。谁想到，刘老师并没有立即发火，待同学们的笑声渐小后，她心有余悸却十分平缓地说：“据说每位接我们班的新老师，都会获得一份大家赠送的特殊礼物，比如王老师的灰老鼠、郑老师的大王蜂……而我呢，你们送了一条水蛇。”她微微笑了笑，指着那条蛇说，“我是第一次这么近看到蛇，刚才还摸到它，着实吓了我一跳。我觉得捕捉这条蛇的同学挺厉害，至少他挺勇敢，有一定的捕蛇经验……我相信，凭他们的能力，不仅仅只有勇敢，还应该做出点其他的，老师相信你们。”那几个调皮学生原本等着看“戏”，没料到刘老师还表扬了自己，那可是非常难得的，可就是高兴不起来，只是呆呆地听着刘老师讲有关蛇的知识……第二天早晨，刘老师又踩着铃声走进教室，一股清香扑鼻而来。她意外地看到，讲台上的粉笔盒里插着一束野菊花，教室里鸦雀无声……从此，这个班的氛围彻底改变了。

（三）借“错”生智的教学机智

当教师在课堂上出现了笔误或者口误的情况时该怎么办呢？碍于面子，将错就错，不加纠正，是绝对要不得的。但如果能够借“错”生智，来个将“错”就“错”，不失为一种良好的教学机智。

【案例】

有位高二化学教师一次在“油脂”的教学中，误把“油脂”写成“油酯”。当他注意到的时候，学生还没有发现，于是他灵机一动，及时对学生说：“你们好好想一想，老师刚才写得对吗？能不能把‘油脂’写成‘油酯’呢？‘脂’和‘酯’有何联系呢？”学生听到教师这么一问，马上认真检查黑板上的板书，并发现了错误，而且他们对“脂”和“酯”的理解也因这次“错”而加深。

（四）借题发挥，巧妙融入

当课堂教学过程中出现了偶发事件时，教师可以把它巧妙地融进自己的教学之中，利用课堂教学中出现的意外情况，借题发挥，大做“文章”。

【案例】

一次上课时，有几只麻雀飞进了教室。于是教师借“不速之客”麻雀的出现，给大家讲了一个“麻雀的冤案”的故事：二十世纪五六十年代，我国曾经把麻雀与苍蝇、蚊子一样列入害虫名单，在全国开展消灭麻雀的运动，理由是麻雀偷吃掉大量的粮食。但事后大量的研究和实践表明，麻雀蒙受了不白之冤，因为麻雀对人类的益处远远大于它对人类的危害。

然后，教师让学生运用所学的哲学道理对这个故事加以分析。学生们对此响应热烈，兴趣十足。有的从矛盾主次方面的角度，说明麻雀对人类是有利有弊，但利大于弊，看问题应抓住本质和主流；有的运用普遍联系的原理，分析消灭麻雀会破坏生态平衡；还有的从认识发展的角度，说明人类对麻雀的认识经历了一个不断深化的过程……这样，这位教师就巧妙地借麻雀的出现丰富了教学内容。

（五）实话实说的坦诚襟怀

当教师在课堂上出现失误时，实话实说，不文过饰非，有时同样也会取得良好的效果。

【案例】

有位化学教师在做钠的燃烧实验时，发现集气瓶里冒出的不是白烟，而是黑烟。面对同学们愕然的表情，这位化学教师随机应变：“这块金属钠为何燃出黑烟？请同学们回忆一下金属钠的物理性质及其贮存方法。”全班同学立刻活跃起来，一位同学抢着发言：“金属钠性质活跃，不能裸露在空气中，而是贮存在煤油中！”“你说得对！”教师的语气满怀歉意，“刚才就是由于我的疏忽，实验前没有将沾在金属钠上的煤油擦干净，结果发生了刚才的实验事故。为了揭示上述错误原因，我不准备处理煤油，而是将沾有煤油的金属钠继续燃烧下去。请大家想一想，燃烧的过程中，烟的颜色将发生怎样的变化？”全班同学喊道：“黑烟之后将出现白烟！”实验结果证明了大家的预言。教师宣布：“同学们，你们的预言实现了！”全班响起了热烈的掌声。大家赞赏的不仅是教师坦诚的襟怀、实事求是的品质，更是他那灵活的教学态度。

（六）以变制变的智慧

当课堂教学过程中突然出现意料之外的情况，并且影响到正常的教学秩序时，教师可以通过以变制变来解决问题。

有次上课时，几只蝴蝶飞进了教室，吸引了同学们的注意力。教师让学生以蝴蝶飞进教室为题打一词牌名，同学们苦思冥想不得其解时，教师给出了答案：“‘蝶恋花’啊，因为你们都是祖国的花朵！”在同学们一片会意的笑声中，教师又开始了她的讲课。

（七）巧给台阶，缩小矛盾

课堂上，在对那些好出风头或搞恶作剧的学生进行批评教育时，要注意给他们台阶下，千万不能搞对立，把矛盾扩大，对偶尔犯错误的同学更应如此。

【案例】

上课铃响，李老师刚出现在教室门口，正在舌战中的女同学立即七嘴八舌向他告状，说小王把沙子撒进了小丽的眼里。小王矢口否认，小丽则边擦眼泪边号啕大哭，整个教室处于一片混乱之中。李老师通过观察，很快做出判断：小王欺负小丽，但小丽的眼里并没有沙子。她哭泣只是想借老师来批评小王。怎么办？

如果当堂查问，势必影响上课；如果不问，小丽则会哭个不停。李老师先叫同学们静下来，然后从口袋里掏出手帕，帮小丽擦眼泪："不要哭，让老师帮你把沙子弄出来。"说着，一本正经地检查小丽的眼睛，并且帮她吹了几下，边吹边问："还有沙子吗？还痛吗？""不痛了。"小丽巴不得趁机下台阶，李老师进一步给她台阶："不痛就不要哭了，哭鼻子不是坚强的孩子！这件事到底怎么回事，咱们下课再说，现在上课。"小丽真的不哭了，班上立即静了下来，课也上得很顺利。

第六章

活用各种有效的教学资源和手段

第一节 教学资源运用

一、最鲜活的课程资源——创生性资源

教师有许多丰富多彩的课程资源，而在各种课程资源中，创生性资源为教学过程注入了生命力。我们说创生性资源是最鲜活的课程资源，是因为：

第一，真实。教学过程是师生互动过程，是对课程的开发过程，创生性资源就产生于其中。真实的教学发生在学校里，发生在课堂里，发生在师生互动中。正是由于来自学生之中，故比起生活经历以外的课程资源更为可信和易于接受。

第二，开放。互动生成的相关信息及教学资源是很广泛的，它会是“节外生枝”，会是“锦上添花”，会是回答问题恰到好处，会是看法意见上“不合情理”。有时是智慧的火花，有时是灵光的闪现。正是这种情境方向的不确定性，更能激发学生去探究，调动其积极主动性。

第三，亲切。它是由师生感悟和体验到的，与课程的心理距离缩短了许多，是学习者容易接近的“现实情境”，更具亲切感和亲和力。

第四，延时。创生性资源使人印象深刻，更具长远的教育意义，由此循序渐进，走向更加深远的空间，获得丰厚的文化积淀。

【案例】

一节体育课上，我在讲解、示范立定跳远的要领之后，让学生们自己进行尝试练习，可还有一半学生掌握不好。我便吹哨集合，准备给学生们再示范、强化。谁知这时冒出一声尖叫：“青蛙！”

整齐的队伍顿时乱了起来，有的学生吓得四处跑，更多学生拥上前去围观。我走上前，只见一个学生趴在地上用手戳那只绿绿的大青蛙，青蛙一蹦一跳逗得大家哈哈大笑。这不是班上最调皮的捣蛋王强强吗？体育课上他就从来没有老实过，立定跳远一点儿没学会，又来搞这个名堂。我的火气正要发作，忽又灵机一动：青蛙的跳跃不是和立定跳远的蹬地动作相像吗？这时，我顺势引导学生——

“同学们，谁能说说青蛙后腿是怎样起蹬的？”

学生们睁大眼睛，都开始认真地观察。

“青蛙起跳前双腿是弯曲的。”王强强第一个兴奋地喊道。

“很好，观察得真仔细！”我及时加以鼓励。

“它起跳时后腿非常用力。”另一个学生回答道。

“非常好，大家再仔细观察一下青蛙起跳时是哪部分用力的？”我又问。

“是前脚掌用力，而且它身体全部展开了。”王强强跳起来答道。

“太好了！立定跳远的起跳和青蛙起跳是一个道理，起跳时的动作是两脚左右分开，脚跟稍提，屈膝半蹲，上体稍前倾，头稍抬，双脚轻巧地落地。同学们，想不想模仿青蛙的跳跃动作呀？”

“想！”学生们齐声答道。

学生们有的跟在青蛙后边，有的斜眼望着青蛙，模仿着青蛙跳跃的动作，努力地练了起来。由于他们观察仔细，因此很快掌握了立定跳远的动作要领，课堂气氛十分活跃。他们越跳越有劲，互相比赛谁跳得远。

一只惹祸的青蛙，竟帮了我的大忙，使这节课的教学取得了意想不到的效果。

由此可见，教学过程不是预设不变的。教师与教师、教师与文本、教师与学生、学生与文本及学生与学生的互动均可产生创生性课程资源，它们往往是一种潜在的隐含性的资源，需要教师去激活，去捕捉，以提升课堂的生动性。

V.A. 苏霍姆林斯基指出："教育的技巧并不在于能预见到课堂的所有细节，而在于根据当时的具体情况，巧妙地在学生不知不觉之中做出相应的变动。"科学而艺术地把握课堂教学中的创生性资源，演绎教学精彩，甚至使其成为学生铭记终生的珍藏，需要教师具有高超的教学智慧：首先，要有敏锐的捕捉能力，善于捕捉稍纵即逝的智慧火花；其次，及时给予学生辩证的评价和鼓励，以不断激活学生的探究欲望，满足他们的表现需求；再次，要善于思考、分析和判断这些资源的价值，如果有助于学生的发展，就必须果断地对自己预设的教学做出富有创意的调整，重组课堂，生成信息，形成新的教学"生长点"。

如何巧用创生性资源，演绎教学精彩？

（一）重视学生不明确的认识

学生在用自身经验解读课文建构认知的过程中，容易产生种种曲解和误解，使认识不明确，而有些不明确的认识，往往具有较大的教学价值，可供教师研究和反思，用以开启学生的智慧之门。

【案例】

在学生讨论《将相和》一文中蔺相如的勇敢机智时，一位学生说："蔺相如知道秦王没有以城换璧的诚意，就假意说这块璧上有点小毛病要指给秦王看，就把璧骗回来了。"一个"骗"字，尽管容易被人忽视，却是不可小看的错误。于是教师便抓住这一点让大家讨论："蔺相如是'骗'回来的吗？从课文中找找根据。"

学生细读后纷纷发表了看法：

“不能说是‘骗’回的，因为这块璧原来就是赵国的。”

“蔺相如是用妙计把璧要回来的，我觉得这正体现了蔺相如的机智过人。”

“蔺相如拿到璧后，还对秦王说，‘你要是强逼我，我的脑袋和璧就一块儿撞碎在这柱子上！’从这里可以看出蔺相如不仅机智过人而且十分勇敢。”

…………

这不仅仅是纠正了一个“骗”字的错用，而是以此为契机，深入挖掘了蔺相如智勇双全的丰富精神内涵。

（二）鼓励侧向的提问

学生在解读文本时，有时会提出一些与文本内容或价值取向不尽一致的问题，教师和学生一道探讨这些问题，不仅能满足学生心灵深处的探究需求，而且有利于启迪学生思维，搭建想象平台，课堂会因此而绚丽多姿。

【案例】

在教师引导学生探索青蛙和小鸟的三次对话，并进行了分角色朗读之后，一位学生突然质疑：“青蛙为什么天天坐在井里？”

师：刚才，老师听见 ×× 同学提了一个很有价值的问题，可惜声音太轻了，大多数同学没听见，请你再说一遍好吗？（微笑着摸摸 ×× 同学的头）

生（×× 同学）：（大声地）青蛙为什么天天坐在井里？

师：（赞许地）青蛙天天坐在井里，这是什么原因呢？请大家展开想象，大胆推断一下。

生 1：他以为井里是他的家，所以，青蛙不愿离开井里。

生 2：青蛙在井里住惯了，就不想再出去了。

生 3：也许是井里原来有水，小蝌蚪在井里渐渐长大成了青蛙后，依然觉得井里很宽敞。

生 4：井里冬暖夏凉，青蛙觉得舒服，就不愿出去了。

生 5：小青蛙天天坐在井里，妈妈会送来食物，他不用担心什么。

生 6：也许是青蛙妈妈怕小青蛙遇到危险。（师插话：什么危险？）可能遇到蛇，就叮嘱小青蛙："孩子，外面很危险，你在井里待着，我给你捉虫去。"

生 7：青蛙妈妈与小青蛙商量说："孩子，秧田里有农药，一些人还会捉我们去美餐一顿，外面太恐怖了，井里既绿色环保又安全，你就安心呆着吧！"

…………

师：是呀，或许是青蛙觉得井里舒服，或许是怕遇上危险，有妈妈的精心照料，小青蛙才天天坐在井里，所以，他看到的天只有——（生齐）井口那么大。让我们为 ×× 同学的精彩问题和自己的丰富想象而鼓掌吧！

（师生一齐热烈鼓掌）

（三）关注课堂上的质疑

课堂上的质疑，是学生用自身经历和经验解读课文和建构新知时必然会产生的矛盾落差。由于同龄群体在生理心理发展水平上的相似性，某些质疑往往具有普遍性。教师若能选择其中最有价值的质疑"做文章"，就会发现原来这就是最值得开掘的教学资源。

【案例】

学习《十六年前的回忆》一课时，有学生质疑："李大钊同志被捕时身边带着手枪，为什么不开枪打敌人？"为什么不开枪？这与李大钊同志的优秀品质有联系吗？教师看到了这一问题的教学价值，便改变了原先的教学设计，说："李大钊同志为什么不开枪，这个问题提得好，值得我们去深读深思。请大家再读读课文，找找不开枪的原因好吗？"

于是全班同学兴致大增，谁都希望找到不开枪的理由：

"因为当时是在街上，又是在白天，如果开枪打起来，会伤了老百姓。"

"当时在身边的还有李大钊幼小的儿女，他不想让孩子们受到伤害。"

"从整篇课文看，李大钊在法庭、监狱里都一直在和敌人作斗争，揭露敌人镇压革命和杀害人民的真面目。他不开枪正是为了保存力量，更好地与敌人做斗争。"

…………

于是，大家进一步读懂了课文，李大钊不开枪正体现了一个共产党人爱护人民、憎恨敌人和勇敢机智与敌人斗争到底的精神。

在学生的质疑中把握教学机遇，开掘教学资源，由此可见一斑。

（四）擦出"怪论"思维的火花

"教学就是即席创作"。课堂上，学生常常不会顺着教师的思路走，会出现与教师预设的价值取向迥然不同的想法，甚至是"奇谈怪论"。这些"奇谈怪论"是对教师理念与智慧的挑战，也是极其宝贵的教学资源。教师要尊重学生独特的感受、体验和理解，多一些欣赏，多一些机智，多一些宽容，不要急于表达，而是把球踢回去让学生讨论是非曲直。这时候，问题是对是错已不重要，重要的是学生思维和求证的过程，而这个“过程”，往往就是一道亮丽的课堂风景。

【案例】

口语交际课上，教师创设了“伸冤法庭”这一交际场景，让学生以桌椅板凳、黑板或墙壁的口气状告它们的小主人。告状结束后，同学们谈感想，大家都认识到自己的错误，表示要把弄坏的桌椅板凳修理好。可有一个同学却说：“既然坏了就干脆扔掉，旧的不去，新的不来。”此言一出，全体哗然。教师却处之泰然，问大家:“你们认为怎样？”这时,部分同学纷纷指责这种想法不对。有的说，正是有这种想法才会有那么多破椅子；有的说，他不懂珍惜，铺张浪费，没有同情心。但是，另一部分同学却反驳道：“如果修一把坏椅子的费用和买一把的差不多，那还不如买一把新的。再说，在追求生活品质的今天，商品的更新换代非常快，那种等物品用坏了再换的观念早已过时，更何况已经坏了，再买新的又何错之有？”这时，教师趁势小结道：“大家说得都有道理，产生不同看法的原因仅仅在于看问题的角度不同。”

如果教师都像案例中的教师一样，把学生的“奇谈怪论”看成擦出思维火花的宝贵资源，那么将逐步改变学生的思维定式，让他们学会全面地看问题。

（五）巧妙纠正学生的错误

学生在课堂的学习中，不可避免地会出现各种各样的错误。对于学生出现的不同种类的错误，教师有时可以把它们作为教学资源加以利用。

【案例】

在某堂课上，有一学生读“大兴安岭这个‘岭’字，跟秦岭的‘岭’字可大不一样”时，将“大不一样”读成了“不大一样”。

师：他哪儿读错了？

生：他把“大不一样”读成了“不大一样”。

师；这两个词语意思相同吗？

生：意思不同。“大不一样”是说很不一样，区别很大；“不大一样”是说虽有区别，但差距并不怎么大。

师：读读课文，看看大兴安岭跟秦岭区别大不大。

生：它们区别很大。秦岭“云横”，而大兴安岭是“那么温柔”。

师：一个险峻，一个温柔，看来两者的确……

生：（齐）大不一样！

案例中，学生读错了词，这虽是一字之差，但教师并不是简单地指正了事，而是抓住这一语言细节，机智地把阅读纠错巧妙地转化为语言训练和对课文的理解。在这一事例中，教师意识到这是一种推进教学的宝贵资源，并抓住契机引导学生辨析词义，再通过比较课文内容，让学生细细体会作者遣词造句之意。可以推测，这种形式的学习，与教师直接的口授相比，将给学生在语言学习方面留下更为深刻的印象。教师随机应变地捕捉学生出现的错误，并把它当作资源加以利用，起到了非常好的教学效果，这是很值得推崇的。如果遇到这样的情况，教师应该避免简单地纠正学生。

（六）正视自身的失误

在课堂教学中，教师有时也会无意识地出现一些错误，这些错误在许多情况下，可以作为课堂教学资源加以利用，成为支持课堂教学的积极因素。

【案例】

一位教师在教《分马》一课时，一个学生提出："我认为'分马'这个标题不恰当。"教师问他为什么，学生说："你想啊，白大嫂子分的不是马，是骡子；老初头分的也不是马，是牛；李毛驴分的也不是马，他拉走了两头毛驴。明明牛马驴骡全有，题目却叫'分马'，不恰当。"

教师请他重新给这篇课文拟个标题，这个学生说："分牲口。"教师鼓励并表扬了这个学生，说："《分马》是著名作家周立波的作品，你敢于向名家挑战，值得表扬。"

话音刚落，又一个学生站起来说："老师，您错了！课文注解写着呢，本文标题是编者加的。他不是向作者周立波挑战，而是向编者挑战。"这个学生指出了教师的失误，教师不仅欣然接受，而且表扬这个学生说："很好！我一时疏忽，说错了，你马上给我指出来，非常好！由此可见，你们一不迷信名家；二不迷信编者；三不迷信老师。这是值得称赞的。"

案例中，教师在点评学生回答时犯了一个错误，而且这个错误被一个细心的学生指了出来，难能可贵的是，教师并没有认为这是学生在扫他的面子，而是欣然接受了学生指出的失误，并且还表扬了指出他错误的学生。实际上，这样做鼓励了学生勇于怀疑、挑战权威的做法，有利于培养学生的批判思维。在这个例子中，教师就把自己的失误当做课堂教学的资源加以利用了。

（七）正确利用教材

我们的课堂需要营造一种不迷信书本，不迷信权威的氛围。

在这种空间里，教材中的错误也会成为激发学生发现问题和形成创新意识的课程资源。

【案例】

一位教师在教学《第一朵杏花》时，和学生一起欣赏“春风吹绿了柳梢，吹绿了小草，吹皱了河水，吹鼓了杏树的花苞”这一佳句。有一位学生提出“吹绿了小草”中的“绿”字用错了。面对学生对教材突如其来的“发难”，教师没有惊慌，反而迅速抓住了这一契机，改变了让学生欣赏、积累佳句的预定目标，立即创设了一个发散思考的创新空间，笑问学生：“错在哪儿呢？”这个学生陈述其理：“和第一个‘绿’字重复了，我觉得用‘醒’更好。春姑娘来了，睡了一冬的小草醒了，探出了小脑袋。”教师继续鼓励，激发学生创新：“你敢于向教材挑战，我很佩服。大家还有什么意见吗？”一语激起了大家对这个教材之“错”的热烈争论，形成了三种独到的见解：

1. 用“醒”好，既可避免与“吹绿了柳梢”中的“绿”字重复，又可把小草写活，用“绿”太俗了，明显是模仿“春风又绿江南岸”。

2. 用“绿”好，因为课文写的不是初春，而是杏花开放的时节，小草早已睡醒了，现在变绿了。

3. 用“醒”好，但句序要变，应改成：“春风吹皱了河水，吹醒了小草，吹绿了柳梢，吹鼓了杏树的花苞。”理由是：春天来了，河水解冻，小草萌生，杨柳吐绿，杏树开花，用“皱、醒、绿、鼓”不但写出了春天景物的特征，还可以展现出时间的推移和变化。

这种超越教材的创见，最重要的价值还在于其中所蕴涵的创新意识。

需要指出的是，虽然创生性资源对营造生动活泼的课堂氛围有利，对促进教育效果有利，但并不是所有的创生性资源都要利用，对教材不利或毫无用处的创生，教师就不需利用。对这样的“创生性资源”，教师要及时进行引导，任何时候都不要忘记教学要完成一定的目标与任务。

二、以教材为支点超越教材

虽然我们强调学生的主体地位，但这并不意味着不要教师的指导，教师的指导、组织和引领作用是永远不能放弃的。而教材就是教师引导学生的工具。其实，教材不是不可更改的静态文本，它本身就包含了多元性和差异性的教学空间。教师要摆正教材作为工具的地位，由教材的忠实宣讲者转变为教材使用的决策者，学会“用教材教”，能够在具体教学情境下，根据不同的教学对象对教材进行开发和创造，凭借适当的教材资源，融合课内外的学习拓展，超越教材。

再者，并不是学生在课堂上提出的所有问题，都必须当作学生学习的主要内容。学生由于知识层次或阅历经验等方面相对不足，以及对教学文本的不熟悉，有时只能提出一些需要帮助解决的小问题。所以，用不着学生一提出问题，教师就放弃既定的教学方案，甚至脱离教学文本。当然，无论学生提出的问题多么幼稚可笑，教师都不能取笑，不仅不能取笑，而且要认真解答，还要予以鼓励。如果学生提出的问题脱离了教学文本，教师应机智地将学生的思路引领到教学文本上来，这才是上好课的保证。

当然，仅仅达到上述要求还是不够的，我们再来看一个案例：

【案例】

义务教育课程标准实验教科书《品德与社会》（苏教版三年

级）的第十课是《父母的疼爱》，内容主要是让学生讲一讲发生在家里的真实故事，体验一下父母对自己的呵护和疼爱。王老师班上的孩子都来自农村，他们的父母都是农民或农民工，大部分时间在田间劳动或者出去打工，很少有时间精心地呵护孩子，也很少与孩子交流和沟通，他们付出的辛勤劳动常常不被孩子们理解和尊重。从这种实际情况出发，王老师对教材进行了灵活处理，把课题改为《父母的辛苦》，引导学生将他们的视野转移到父母的劳动中，从中体会父爱和母爱，当时的课堂教学过程和师生对话是这样的：

师：同学们，你们喜欢谜语吗？

生：喜欢。

师：老师今天带来一条谜语，请看大屏幕："一棵树，五个杈，不长叶子不开花，吃饭穿衣全靠它。"大家猜一猜它是什么？

生：手。

师：你们很聪明，猜对了。

接着，教师在大屏幕上出示手的对比图片：一双手洁白、光滑、细嫩；另一双手暗淡、粗糙，长满老茧。

师：请同学们指一指哪双手更像你父母的手？为什么？

生：那双粗糙的手像我爸爸妈妈的手，因为爸爸妈妈长期做农活，非常累，非常辛苦，他们的手长满了老茧，布满了裂痕，非常粗糙。

教师用课件出示课题《父母的辛苦》，在天蓝色的背景下，两颗大大的红红的"心"出现了，慢慢旋转一圈后，定格在"父母的辛苦"几个大字上。

师：做父母的都很辛苦，农村孩子的父母更辛苦，与城里的父母相比，他们工作的地点不是宽敞明亮的办公室，而是田间、地头、工地或牛棚；他们劳动的工具不是纸、笔或计算机，而是镰刀、铁锹。夏天，他们顶着似火的骄阳；冬天，他们迎着刺骨的寒风。今天就让我们来亲身体验一下父母的辛苦与不易。

学生分成四组，分别体验四种活动五分钟，教师巡视指导。这四种活动分别是：

1. 扒玉米（将玉米穗的外皮剥去）；

2. 搓玉米（几个学生围成一圈，把玉米粒搓在塑料盆里）；

3. 背喷雾器（每个喷雾器灌了十五六斤水，五个学生一人背一个，同时不停地加压喷水）；

4. 手举刮板（将建筑工地刮白灰用的刮板高高地举过头顶，坚持五分钟）。

然后交流体验后的感受。

师：扒玉米什么感受？

生1：扒玉米时觉得手很疼。

师：搓玉米的同学，你们什么感受？

生2：搓不掉，感觉手很疼，火辣辣的。

师：背喷雾器的同学，你们什么感受？

生3：肩膀被绳勒得很疼，腰酸背痛的，太沉了。

师：举起手拿东西的呢？

生4：胳膊又酸又累，简直不是我的了。

师：我们才做了五分钟，你们就已经叫苦连天。试想一下，让你们从事这样的工作一节课、一天、一年甚至更长时间，你们会有什么样的感受？

生5：一定非常辛苦，太累了，我会受不了的。

师：我们的父母长年累月从事着这样的劳动，下面我们就来看一看父母劳动的真实场面。

播放录像。

镜头一：几位孩子的父母站在高高的桌子上，一手持灰板，一手举刮板，紧张地忙碌着，浑身上下沾满了灰尘和涂料。

镜头二：一位母亲在高过自己一头的玉米地里干活，手上缠着胶布，从这头干到那头，空旷的田野上只有沙沙作响的玉米秸秆做伴。

镜头三：天还没亮，父母就早早起床，爸爸做饭，喂鸡、鸭、鹅，打扫院子。妈妈钻进牛棚挤牛奶，一下、两下、三下……

镜头四：爸爸、妈妈在塑料大棚里不停地搬蘑菇，汗水顺着面颊流了下来。

当屏幕上出现自己的爸爸和妈妈的镜头时，孩子们异常兴奋，不由得脱口而出："这是我的爸爸！这是我的妈妈！"

师：先请父母出现在录像中的同学来谈一下你看完录像的感受。

此时的学生们已被父母劳动的画面深深地打动了，面对平时很熟悉的场景，他们似乎想到了许多，也有许多话想说。

生 6：画面中那个刮大白的人是我的妈妈，我的爸爸在几年前得了腰椎间盘突出，爷爷奶奶岁数大了不能干活，妈妈既要忙地里的农活，又要照顾爷爷奶奶、爸爸和我，还要挣钱养家，我感觉我的妈妈太辛苦了，她是世界上最伟大的妈妈。

生 7：画面上刮大白的也有我的妈妈，别人的妈妈都可以穿漂亮的衣服，而我的妈妈每天都要穿那件挂满涂料的衣服（哽咽着说不下去了），我一定好好学习，不让妈妈再受累了。

生 8：录像中掰玉米的那个人是我的妈妈，我家养着十多头牛，妈妈早晨四点多就起来给牛挤奶、清圈，有时候半夜还要起来给牛喂料，这已经非常辛苦了，但地里还有许多繁重的农活，春天捡茬子、平地；夏天除草、浇地，有时一个晚上都不能回家；秋天掰棒子，妈妈的手裂着口子，缠着一层又一层的胶布，我感觉我的妈妈实在太辛苦了。

生 9：画面中种大棚的是我的爸爸妈妈。夏天，大棚里闷热，待在里面喘不过气来；冬天，大棚里面热外面冷，在大棚里出一身汗，出来浑身冰凉，特别爱感冒。而且我家还有一千多棵果树，夏天的时候，爸爸要睡在山上看果树，身上被蚊子叮咬，起很多疙瘩。我一定要好好学习，报答我的爸爸妈妈。

这发自肺腑的语言，令在场的每一位学生和老师深受感动。学生们流泪了，有的用双手捂住了脸，想尽力控制自己的情绪；有的伏在桌子上，双肩不停地抽动；一个小男孩紧咬牙关，泪水还是流了下来。好几位听课的教师都在悄悄擦去自己的泪水。一位教师事后说：她当时由眼前的情景想到了自己的童年，想到了自己操劳一生的父母，想到他们如今已经年迈，已经步履蹒跚，眼泪不禁夺眶而出，再悄悄地看着四周，其他教师也都用面巾纸暗自拭泪。

师：我们的父母虽然这样辛苦，但他们最大的愿望是……

教师播放视频，画面中出现了父母的脸。

父母 1：希望你好好学习，期末考个好成绩，爸爸多累都值得。

父母 2：妈妈累点没有什么，只要你学习好，妈妈心里就高兴了。

父母 3：我们起早贪黑地干活，就是希望你好好学习，成为对国家有用的人。只要你有出息，我们就是再苦再累也心甘情愿。

这些朴实的话语再一次感动了每一位学生和教师，震撼着每一个人的心灵。有的人再次流下了泪水，由衷地感叹着：多伟大的父母！多伟大的中国农民！

师：此时此刻相信大家心里都很激动，很想对父母说点什么。

老师帮你们用录音机录下来，下次开家长会时放给你们的父母听。

教师开始播放《烛光里的妈妈》和《母亲》这两首感人至深、意味深长的乐曲，乐曲所表达的情感进一步感染了学生，加深了他们的情感体验，引发了强烈的共鸣。于是，情感的“闸门”又打开了。

生10：爸爸妈妈，你们辛苦了，我一定好好学习，不辜负你们对我的期望。

生11：爸爸妈妈，你们这么辛苦供我上学，我以前没有好好学习，我很后悔。你们放心，从今往后我一定努力学习。

生12：妈妈，您那么累都是为了我，我还不听话，惹您生气，我以后再也不乱花钱了。

生13：妈妈，我长大后多挣钱，给您买漂亮的衣服，好好孝敬您。

…………

师：日常生活中我们能做的有很多，只要用心，都能让父母感动、高兴和欣慰。

生14：我每天要早起一会儿，把小鸡端到院子里去，晚上再把它们端回来，妈妈就能歇一歇了。

生15：我要把零花钱省下来，给妈妈买一瓶擦手油，妈妈手上的裂口就会好一些。

生16：老师，我要把我的零花钱攒下来，给妈妈买一副好手套。

生17：我要自己上学，爸爸就不用绕路送我了，就能吃上早饭了。

生18：我要自己检查作业，爸爸妈妈干一天累活儿后，不用再为我的学习操心，就能早点儿休息了。

…………

师：听了同学们的回答，老师非常感动，相信你们的父母听到后也会非常感动，父母会因为有你们这样懂事的孩子而感到欣慰和自豪。老师相信你们会做令父母和老师骄傲的好孩子。

出示课件：公益广告——为妈妈洗脚。课件开始的字幕是："关爱老人用心开始。"结尾是："将爱心传递下去。"发人深省，意味深长。

下课的铃声响了，然而，教师和学生们的心情久久不能平静下来。这节课，王老师话语不多，没讲什么大道理，却让同学们深深地体会到人世间最伟大的父母之爱，唤起了他们对父母的感激和热爱之情。相信多年后，他们都会记得父母那一双粗糙的带有老茧的手，记得父母那一双充满期待的眼睛，不会忘记给妈妈买漂亮衣服，不会忘记给爸爸捧上一杯热茶……

这是一堂富有生命力的课，学生们在真实生动的氛围里教育了自己，受到了精神的洗礼。

那么，教师究竟应该如何合理地使用与处理教材呢？

（一）正确分析把握教材

对教材进行分析研究，是教师由"教书匠"向"教育家"转变的关键一步。教材分析大致可分为以下几个阶段：

1. 阅读感知

这一阶段是从多角度全面感知教材。教师不能自认为熟悉教材而不认真钻研教材，应将全套、整本教材与所教单元或课题紧密结合起来；将咬文嚼字细读课文内容与亲自动手做练习、习题结合起来；将本学科教材与其他学科教材、参考资料、各种杂志结合起来。这样，才能多方位深层次地感知教材，真正把握教材。

2. 思维加工

这一阶段是在感知教材的基础上，对大量资料进行分析、综合、归纳和演绎，从本质上理解教材的加工阶段。在这个阶段里，教师要明确这一部分教材的知识结构，挖掘知识的价值与功能，理解教材的目的与要求，找出教学内容的重点与难点。

3. 想象构思

在这一阶段要运用阅读感知和思维加工的成果，想象构思如何处理教材，如何实施教学，使之更符合教学的实际情况。想象构思既是前阶段钻研教材的总结概括和优化组合，又是结合师生素质和教学条件等实际情况进行创造的过程。通过想象构思，教师进一步对教材的内容分解组合和增删改换，精心处理教材，形成教学的初步方案，为教学设计打下基础。

总而言之，教书是用教材教，而不是教教材。“用”不是死啃教材，不是唯教材至上，而应把教材看作一个可参照的蓝本，教学是在此基础上进行的开发与创新，而不是简单的执行与传递。教师要不断地从学生的兴趣和需要出发，灵活运用教材，补充和丰富其内容，使教材服务于学生，而不是让学生适应教材。

（二）强化依循与改造教材的能力

教材编写自有一套体系，它面对虚拟的学生，具有完整性和严整性的特点，又有抽象性、模糊性和未定性的特点。因此，教师在教材使用与处理上要把握好依循与改造的关系。如何把握依循与改造的关系？

1. 认真解读课程标准，把握新理念。

2. 搜集和听取教材编写者的提示，领会编写意图，尤其要注意从总体上和原则上把握教材的思路和特点。

3. 搜集和听取先进的教学经验，对可用的经验实行“拿来主义”。

4. 依据自己对教材的独立理解和判断，并根据学生需要来调整教学策略。

5. 听取学生的意见，灵活调整教学内容。

改造教材可以把不符合学生认知现实的改为贴近学生生活实际的，可以把呈现方式枯燥的改为有趣的、容易引起学生探究兴趣的，并可以把简单的内容改造为现实的、有意义的、具有挑战性的问题，这样才能使课堂生动有趣起来。

（三）正确利用和开发课内外资源

教师要充分利用和开发课程资源，要加强学科之间的沟通，实现课本内外、课堂内外和校园内外的结合，把课内外教学资源当作教材资源的一种扩大和延伸，像过去那样一本教材或一本教参完成一学期教学任务的历史一去不复返了。那么，怎样理解教材资源和课内外资源的关系呢？

1. 教材是主要的，教材规定的目标应该达到，这是教学之本。

2. 广泛开发课内外教学资源是为了更好地使用教材，使教学更加丰富多彩和生动活泼。

3. 开发课外资源是为课内教学服务，将课内的学法和技能迁移于课外，着重于个体探究式学习和群体合作式学习，讲求实效。

总之，以教材和课堂为圆心或轴心，逐层次扩大教学资源，将教材变成开放性教材，将课堂变成开放性课堂，这样才能使学生在生动感人的课堂氛围里学到更多更好的知识和技能。

三、让道具助自己一臂之力

道具在教师课堂教学中的运用，对于低年级学生尤为重要。低年级学生的思维是以具体形象的思维形式为主的，因为受时间条件及物质条件等方面的限制，教师不可能有许多现成的教学模具，但是可以就地取材、灵活使用，通过这些形象鲜明的实物，让学生对所学知识的理解更加深刻。

道具以其生动、直观的形象和新颖的特征优化了课堂教学的氛围，使课堂教学容量相对增大，给学生提供了更多的语言实践机会，有利于提高学生的语言运用能力。如果教师能够把知识要点和直观教学合理地结合起来，灵活地应用各种直观教学道具，使学生在愉快轻松的环境下掌握知识，那么学生不仅有身临其境之感，而且能充满学习兴趣和求知欲，由“学会”变为“会学”，由“要我学”变为“我要学”，从而达到最佳的教学效果。

【案例】

师：我想了解一下，同学们现在都有哪些玩具？

生 1：足球。

生 2：洋娃娃。

生 3：电动小汽车。

生 4：电动飞机。

…………

师：想不想看看老师小时候的玩具？

生：想。

（师出示玩具，并在实物投影仪上演示玩具的玩法）

师：你们知道它是由什么做的吗？

生：它是由一根火柴做的。

师：还有什么？

生：一张圆片组成的。

（师板书：圆的认识）

从学生异口同声的“想”字中，我们真切地感受到他们学习的积极性已被教师充分地调动起来。是什么激起学生强烈的学习欲望呢？显然，是玩具，是学生非常熟悉且颇感兴趣的教学资源。在步入新知识的学习之前，教师把玩具作为教学媒介和新知识教学的突破口，一下子就抓住了学生的学习注意力，然后花费几秒钟演示玩具的玩法，紧紧地吸引了学生的眼球，使学生个个兴致勃勃，学习情绪高涨。最后，通过探讨玩具的组成，自然而贴切地进入了新知识的教学。毋庸置疑，这样的教学情境是高效的、有价值的，也是每位教师所追求的！

第二节 教学媒体的有效运用

一、一般教学媒体的运用

教师应当在教学中根据课堂生成的需要，在恰当的时机创造性地运用一般教学媒体，创造课堂教学的精彩。

（一）一般教学媒体的特点

教师和学生对一般教学媒体比较熟悉，而且运用时不需要借助计算机。一般教学媒体具有以下一些特点：

1. 信息直观。一般教学媒体多以实物的形式记录、传递和编辑教学信息，运用一般教学媒体能以最“真实”的形式再现教学信息。

2. 操作简便。一般教学媒体不需要借助计算机就可以用来优化教学，操作比较简易。

3. 方法灵活。课堂教学可以根据教学的实际需要灵活运用一般教学媒体。就作用对象而言，一般教学媒体可以面向全体学生，也可以面向学生个体；就运用对象而言，可以是教师或者学生独立运用，也可以是师生合作运用；就运用形式而言，可以是放映引导，如投影或幻灯；可以是演示讲解，如实验；可以是操作探究，如研究实物等。

（二）一般教学媒体的运用时机

选准运用一般教学媒体时机非常重要。然而教学是一个动态过程，教师和学生的能动作用，既让教学因鲜明的个性色彩而更加精彩，也让教学因“无法预约”而增添了更多的“意外”。因此，选准时机，既是对教师教学技能的要求，也是教师教育智慧的体现。那么，教师怎样选准时机呢？

1. 根据教学内容的需要

根据教学内容，在教学中需要借助一般教学媒体传输教学信息的时机，主要有以下几种：

（1）直观教学信息时机

有的教学内容比较抽象，令学生难以把握；有的教学内容会令学生感到认知模糊，因为他们的阅历有限。这些教学内容就需要借助一般教学媒体把相应的教学信息作直观的展现，让抽象和模糊的教学内容直观化。

如在教学“电路图”时，由于电路图知识比较抽象，教师可以运用导线、灯泡、灯座和开关等实物边讲解边演示，通过安装一个电路装置，将电路图直观地展示出来，让学生的理解由难变易。

（2）迁移教学信息时机

教学内容的关联性让教学信息相互关联，有些新的教学内容需要联系已学的教学内容，即教学新的知识需要迁移运用原有的知识。这时可以运用一般教学媒体搭建起原有的知识与新学的知识之间的桥梁。

【案例】

在教学“求一个数比另一个数少几”的应用题时，教师首先给学生展示了八支钢笔和十五支铅笔，让学生运用已学“求一个数比另一个数多几”的知识把“八支钢笔和十五支铅笔”编成应用题。待学生完成后，教师把“求多几”的问题改为“求少几”的问题作为尝试题，引导学生比较这两种题，激励学生迁移“求多几”的知识来探究学习“求少几”，教师再运用钢笔和铅笔的数量关系来作适当的点拨，鼓励学生大胆展示自己的不同解法。最后教师引导学生归纳解题的思路方法。

2．根据学生学习的需要

根据学生学习的需要，在教学中借助一般教学媒体传输教学信息的时机，主要有以下几点：

（1）激发学习兴趣时机

学生有时会觉得学习内容枯燥乏味，甚至产生倦怠情绪，这种情绪会给课堂教学以及学生学习带来消极影响。这时教师要运用一般教学媒体增强知识的趣味性，唤醒学生的注意力，激发学生的求知欲望和学习兴趣。

【案例】

在教学“平均分”时，教师首先给学生展示十八串葡萄和六个盘子。学生立即就将注意力集中到葡萄和盘子上，也激起了学习兴趣。教师进而表示会用葡萄作为学习奖品，激励学生努力完成学习任务。教师接着给学生十二串葡萄和四个盘子，要求学生把葡萄分装在盘子里，而每个盘子的葡萄串数要一样多。学生面对十二串葡萄和四个盘子都跃跃欲试，争着来分装葡萄。学生一经分装，就明白了每个盘子需要装三串葡萄才能将葡萄平均分。教师在此基础上引导学生学习“平均分”，学生也就带着浓厚的学习兴趣来学习“平均分”知识。然后教师再增加难度，给学生十八串葡萄和六个盘子。学生运用所学的“平均分”知识，很轻松快乐地就完成了葡萄的分装。

教师运用葡萄、盘子等一般教学媒体成功地激发了学生的学习兴趣，让学生主动积极地投入学习。

（2）增强感性认识时机

学生受年龄、阅历或心智等的影响，对一些教学内容缺少基本的经验储备。这时教师要运用一般教学媒体，引导学生观察、触摸、聆听和实验，增强学生对所学内容的感性认识，从而帮助学生学习。

【案例】

在上“地球的形状和大小”这一课时，学生对地球的形状和大小缺乏直观的感性认识，建立空间概念比较难，容易出现茫然的情形，难以形成清晰的学习系统。于是教师运用地球仪来引导学生观察、触摸，从而让学生对地球的形状有了一些感性认识，形象地了解了地球的形状和大小。

教师运用地球仪，增强了学生对地球的形状和大小的感性认识，成功地帮助学生学习和理解了相关的学习内容。

（3）实践探究学习时机

在学生探究学习时，运用一般教学媒体引导学生在实践中探究学习，可提高教学效率。

【案例】

师：（手拿一只青蛙模型）一只青蛙有几条腿呢？

生：四条腿。

师：一只青蛙有四条腿。用乘法来表示该怎么办？

生：$4\times1=4$

师：（手拿两只青蛙模型）两只青蛙有几条腿呢？

生：八条腿。

师：两只青蛙有八条腿。用乘法来表示该怎么办？

生：$4\times2=8$

师：三只青蛙有几条腿呢？

生：十二条腿。

师：三只青蛙有十二条腿。用乘法来表示又该怎么办？

生：$4\times3=12$

…………

学生通过青蛙模型合作、探究学习了“四的乘法口诀”，并把“四的乘法口诀”编成了“青蛙儿歌”。

（4）知识转化能力时机

学生学习不仅要积累知识，更要将所学知识转化成能力。因此，在学生学习了新的知识后，教师可以运用一般教学媒体引导学生实践，把所学的知识转化成能力。

【案例】

在教学“统计”时，教师在引导学生学习统计的方法和类别等基本知识后，把一些铅笔、钢笔、圆珠笔和橡皮擦杂乱地放在一起，让学生分别统计出它们各自的数量；然后将印有苹果、草莓、香蕉、梨子和桃子的图片分发给学生，让学生运用统计知识来统计图片上零乱摆放的各类水果的个数。学生通过这样的统计实践训练，将统计知识转化为统计能力，进而学会了统计。

教学内容的需要与学生学习的需要不是割裂的关系，也不是对立的关系，而是相互区别又相互联系的辩证统一的关系，归根结底是学生的成长需要。因此，教师在教学中既要着眼于学生的发展需求，又要排除个人教学偏好的负面干扰，创造性地运用一般教学媒体来优化课堂教学。

二、现代信息技术的运用

随着科技的发展，现代信息技术被广泛运用到课堂教学中，运用现代信息技术已成为教师必备的一项教学技能。因此，教师需要学习现代信息技术，把握运用现代信息技术的特点、策略和时机，准确而熟练地运用现代信息技术来优化课堂教学，提高教学质量。

（一）现代信息技术的特点

现代信息技术将多媒体技术和网络技术结合起来，突破了一般教学媒体信息来源窄、信息数量小、传输速度慢和教学互动难等局限，能将教学内容中涉及的事物、现象和过程有画面有声音地再现，丰富了教学信息。运用现代信息技术辅助教学有着独特的优势作用，表现出信息量大、传输快捷、操作专业、互动性强等主要特点。

1. 量化的优势

现代信息技术实现了多媒体技术和网络技术的结合运用，突破了时间和空间对共享教学信息的限制，把课内与课外、历史与今天、现实与想象的教学信息整合起来，实现教学信息共享最大化，使可在课堂上使用的教学资源变得更多。

2. 传输的快捷

现代信息技术不仅实现了以图像和声音传递信息，甚至实现了以动态的视频传递信息，而且相比一般教学媒体，它的速率更高。这包括：一是将根据课堂生成的需要而选取的课外教学信息，以最短的时间及时传递到课内，甚至可以做到产生教学信息与传递教学信息同步进行；二是将课内生成的教学信息以最快捷的方式实现师生互动，达到“教师的教学”与“学生的学习”同步进行。

3．专业的操作

运用现代信息技术辅助教学需要借助计算机才能实现，技术含量高，专业性强。为此，教师和学生需要具备现代信息技术的基本知识和操作技能，根据现代信息技术的运用要求和教学的实际需要熟练地操作计算机，呈现出一定的“专业化”特点。

4．强大的互动

现代信息技术在获取、传递、存储、处理和显示及分配信息方面具有超凡的功能，体现了智能化特点。现代信息技术智能化，可以形成教师与计算机、学生与计算机和教师与学生与计算机之间的对话和互动，以及互相交流的操作环境及身临其境的场景，而且教师和学生还能根据课堂生成的需要进行控制。所以，现代信息技术有着互动性强的特点。

（二）现代信息技术的时机运用

1．根据教学内容的需要

不同的教学内容，运用现代信息技术的时机也有所不同。有的教学内容需要先运用现代信息技术来引导教学，有的教学内容需要在教学过程中运用现代信息技术突破难点，也有的教学内容需要在教完教学内容之后作补充或延伸。

2．形象化教学信息时机

有的教学内容比较抽象，令学生难以把握；有的教学内容会令学生感到认知模糊，因为他们的阅历有限。当这些教学内容难以运用一般教学媒体作直观展现时，运用现代信息技术，把教学内容通过模拟和演示等形式形象化地再现，能使学生更容易理解和掌握所学内容。

3．整合教学信息时机

即当教学内容需要扩充相应的教学信息时，运用现代信息技术突破时间和空间对共享教学信息的限制，根据教学内容把课内与课外、历史与今天、现实与想象的教学信息整合起来，实现教学信息共享最大化。

【案例】

一位教师在教学“阿拉伯的兴起”时，发现学生们表现出对陌生的地域和陌生的文化的好奇。这时教师就通过网络把此地的重要国家伊拉克的相关资料引入教学，其中还包括了美伊战争以来古老的文明遭到破坏的相关图片和文字资料，既让学生较全面地了解了阿拉伯的兴起，又对文明的传承遭到不可挽回的损坏感到极大的痛惜。

（3）互动教学信息时机

根据现代信息技术传输快捷和互动性强的特点，运用现代信息技术适时地记录、传递、编辑教学信息来优化教学。

【案例】

在教学“综合性学习：莲文化的魅力”时，教师首先运用现代信息技术整合关于莲的资料，并运用多媒体课件展示《爱莲说》与一些写莲的文学作品、莲的图片和说明、当地对莲的认识和习俗等，教师在此基础上引导学生畅谈“莲文化的魅力”。于是教师与学生、学生与学生通过校园局域网互动学习，在互动中实现了教学信息的共享。

2．根据学生学习的需要

根据学生学习的需要，在教学中运用现代信息技术传输教学信息的时机，主要有：

（1）营造学习氛围时机

即运用现代信息技术把教学信息从抽象变得具体，从静态变成动态，从虚幻变成“真实”，以绚丽的色彩、清晰的画面和美妙的音乐为学生营造学习氛围。

【案例】

在教学《巨人与孩子》时，教师运用多媒体课件播放歌曲《爱的奉献》，配以表现奉献爱的一些珍贵图片，并引导学生边听边唱。学生在优美旋律的感染下渐渐进入歌曲的情境，激起“奉献爱”的体验和共鸣，营造学习课文的氛围。

（2）学习认知期待时机

即在学生学习的过程中对所学知识的“意犹未尽”而产生认知期待时，运用现代信息技术将学生期待的相应的教学信息快捷地传输给学生，满足学生的求知需要，帮助学生更全面更深入地学习，从而实现最优的学习。

参考文献

［1］施良方．学习论［M］．北京：人民教育出版社，2001.

［2］孟昭辉．物理课程与教学论［M］．长春：东北师范大学出版社，2005.

［3］舒云．政治课结尾艺术初探［J］．中学政治教学参考，2006（21）.

［4］余映潮．生动收束，余味犹存——例谈阅读教学设计的诗意手法［J］．语文教学通讯，2007（5）.